Vita Serayi

Schon als Kind hing Serayi immer über den Topfdeckeln ihrer Mutter. So hat sie schon früh unterschiedlichste Gewürze und die abwechslungsreichsten Gerichte kennenlernen dürfen. Ihre eigenen Kochkünste erlernte sie einige Jahre später im Gastronomiebetrieb ihrer Familie.

2015 dann der große Umbruch: Ihre geliebten Gerichte sollten nun ohne tierische Produkte auskommen. Doch orientalische Küche und vegan? Geht das überhaupt? Schnell stellte sich heraus: Ja, das geht. Denn die orientalische Küche bietet schon von Haus aus unglaublich tolle vegane Speisen an. Knackige Hülsenfrüchte, frische Kräuter und aromatische Gewürze sind das Fundament. Aber Kindheitsessen wie Sucuk, Lahmacun, Yufka oder Kebab-Spieße vom Speiseplan zu streichen, war keine Option. Auch hier mussten vegane Varianten her.

2021 entstand ihr erstes Kochbuch, das innerhalb von zwei Monaten zum Bestseller wurde.

Serayi liebt es, Menschen mit ihren Rezepten zu inspirieren. Kochen mit Genuss muss nicht kompliziert sein. Kein Schnickschnack, sondern pure authentische Küche mit einer großen Portion Liebe.

Spannender Mehrwert:
der Mengenrechner für unsere Kochbücher

+ Mengenangaben an Personenzahl anpassen
+ Einkaufszettel fürs Smartphone erstellen
+ Rezeptsuche nach Zutaten
+ Nährwertangaben zu allen Rezepten
+ präziser Kalorienverbrauchsrechner und persönlicher Diätplaner mit Tagesplänen
+ Favoritenliste und weitere Rezeptfilter

SERAYI

FOOD-FOTOGRAFIE **HUBERTUS SCHÜLER**

Pide-Schiffchen aus Blätterteig
Roter knuspriger Reissalat
Rote-Linsen-Bällchen in Kokossauce
Linsenbratlinge
Gefüllte Teigtaschen
Orientalisches Ofengemüse
Gerösteter Couscous-Salat
Baklava-Cups mit Cheesecake-Füllung
Karamell-Milch-Kuchen

Inhalt

Hi! Ich bin Serayi …

… und möchte mich bei dir bedanken, dass du dich für mein neues Buch „Vegan trifft Orient Express“ entschieden hast. Dieses Werk ist ein weiteres Herzensprojekt und vereint meine Leidenschaft für die orientalische Küche mit veganen Express-Gerichten. Das heißt, alle Rezepte sind mit einer Zubereitungszeit von maximal 30 Minuten auf dem Tisch.

In einer Zeit, in der wir mit unzähligen Rezepten überflutet werden, ist es mir ein Anliegen, die wahre Kunst des traditionellen Kochens nicht in Vergessenheit geraten zu lassen. Dieses Buch enthält Gerichte, die mir von lieben Menschen aus meinem Familienkreis beigebracht wurden, die sie seit Jahrhunderten auf dieselbe Weise zubereiten. Mit einer kleinen Ausnahme: Alle Rezepte sind vegan.

Die orientalische Küche bietet von Natur aus viele tierproduktfreie Gerichte. Bei manchen Rezepten waren lediglich zwei oder drei kleine Anpassungen nötig, um sie vollständig pflanzenbasiert zuzubereiten – ohne dabei den authentischen, vollmundigen Geschmack zu beeinträchtigen, der diese Gerichte seit jeher auszeichnet.

Ich freue mich, dass dieses Buch den Weg zu dir gefunden hat und dass du mit wenig Aufwand und ein paar Tipps und Tricks leckere vegane Gerichte auf den Tisch zaubern kannst.

Ich wünsche dir viel Freude beim Kochen und Genießen dieser Express-Gerichte aus dem Orient.

Serayi von orienttrifftvegan

Serayi

Meine persönliche
Nachricht an dich.

Bewusst essen: eine Liebeserklärung an mich selbst

Wer mich persönlich kennt, weiß, dass ich beim Essen tanze und wippe, wenn es mir besonders gut schmeckt. Ich finde, dass leckeres Essen so viel mehr ist als nur ein paar Zutaten. Es kann ein persönliches Geschenk an sich selbst sein, hochwertige Zutaten zu verwenden und daraus Gerichte für sich selbst oder seine Lieben zu zaubern. Und da wir in einer Zeit leben, in der wir oft das Gefühl haben, dass uns die Zeit davonläuft, ist es mir ein Anliegen, dir zu zeigen, dass Zeit niemals ein Grund sein sollte, deinen Körper nicht mit einem bewussten, wunderbaren Essen zu ehren. Deshalb ist dieses Kochbuch mit Rezepten entstanden, die im Handumdrehen zubereitet sind.

Ich liebe es, einfache Zutaten zu verwenden, ein paar besondere Gewürze hinzuzufügen und mit der richtigen Dekoration wie Rosenblüten oder Nüssen das Ganze wie eine persönliche Liebeserklärung an sich selbst aussehen zu lassen.

Darüber hinaus können wir mit der bewussten Auswahl der Zutaten auch beeinflussen, ob wir Tierliebe fördern oder verhindern wollen. Mit den richtigen Rezepten ist es so einfach, die Variante zu wählen, die Harmonie für Mensch und Tier bringt.

Meine Reise zu neuem Wohlbefinden: wie die vegane Ernährung mein Leben bereichert

Meine Reise in die vegane Ernährung begann mit dem Wunsch, einige Kilos abzunehmen. Als ich nach den besten Möglichkeiten suchte, um durch eine gesunde Ernährung Gewicht zu verlieren, stieß ich nicht nur auf Themen rund um die Gesundheit, sondern auch auf Dokumentationen, die einen schonungslosen Einblick in die Praktiken der Fleisch-, Eier- und Milchindustrie gaben.

Die Erkenntnisse aus diesen Filmen haben mich zutiefst erschüttert und meine Sicht auf die Nahrungsmittelproduktion grundlegend verändert. Ich konnte die Augen nicht mehr vor den erschreckenden Zuständen in der Produktion verschließen und beschloss, meine Ernährung komplett umzustellen. Ziemlich schnell wurde mir bewusst, dass ich mich nicht nur in meinem eigenen Körper fit und wohl fühlen möchte, sondern dass ich auch jeden Körper eines anderen Individuums respektieren und leben lassen möchte. Aber die Zeigefingermentalität war nie mein Ding. Menschen zu inspirieren, wie einfach es sein kann, dagegen schon. Vegan wurde ich allerdings zu einer Zeit, als das Höchste im Kühlregal ein Block Tofu war. Nicht zu vergleichen mit der Auswahl von heute.

Also fing ich an, Manti (kleine Teigtaschen) mit klein gehackten Kartoffeln oder Champignons zu füllen, anstatt mit tierischem Hackfleisch. Mit Gewürzen verfeinert, hat niemand den Unterschied geschmeckt. Und es kam jedes Mal so unglaublich gut an, dass alle das Rezept haben wollten. Heute bin ich unendlich dankbar, dass ich mit meinem Blog und meinen Kochbüchern über die Jahre Tausende mit dieser Art zu kochen begeistern und inspirieren konnte.

Die vegane Lebensweise hat mein Leben auf so vielen Ebenen bereichert. Natürlich ist der Schutz der Tiere der offensichtlichste Beweggrund, sich für eine pflanzenbasierte Ernährung zu entscheiden. Doch im Laufe der Zeit habe ich auch die unglaublich positiven Auswirkungen auf meine Gesundheit und mein Wohlbefinden erfahren dürfen.

Darüber hinaus hat mich das Eintauchen in die kreative, vielfältige Welt der veganen Küche überrascht und inspiriert. Anstatt mich auf das zu fokussieren, was ich nicht mehr essen kann, habe ich eine Fülle neuer Zutaten, Geschmacksrichtungen und Zubereitungsmethoden für mich entdeckt. Kochen und Backen sind zu einer Leidenschaft geworden, die mir ungeahnte Möglichkeiten zur Selbstentfaltung eröffnet hat. Eine Bereicherung auf allen Ebenen, die ich gern mit dir teilen möchte.

Meine Lieblingszutaten, die ich immer wieder zum Kochen und Backen einsetze

GRANATAPFELKONZENTRAT

Auch orientalischer Balsamico genannt. Tiefrot und herb süß. Antioxidantien in Hülle und Fülle und mehr als nur ein Konzentrat zum Abschmecken deiner Gerichte.

Bei der Verwendung von Granatapfelkonzentrat ist es wichtig, darauf zu achten, zu welcher Sorte man greift. Wusstest du, dass fast alle Produkte auf dem Markt „Granatapfelsirup" heißen, weil sie nicht Granatapfelkonzentrat heißen dürfen? Das liegt daran, dass die meisten Granatapfelsirupe, die beworben werden, nur aus künstlichen Aromen, Zucker und Konservierungsstoffen bestehen. Darum habe ich mein eigenes Konzentrat NAR entwickelt: 100 Prozent Granatapfel, ohne Zusatzstoffe, ohne Konservierungsstoffe, ohne Zucker. Rotes Gold, wie ich es liebevoll nenne, kannst du in meinem Shop (serayi.com/shop) kaufen.

BULGUR, COUSCOUS UND HÜLSENFRÜCHTE

Einige Zutaten sind aus meiner veganen Küche nicht mehr wegzudenken und gehören fest in meinen Vorratsschrank. Ich liebe es, sie in großen Mengen aufzubewahren, da sie sich hervorragend für die Vorratshaltung eignen und jederzeit verwendet werden können.

Eine meiner Lieblingsproteinquellen sind Hülsenfrüchte wie Kichererbsen und Linsen. Wenn ich sie am Vorabend einweiche, stehen sie am nächsten Tag als vollwertige Eiweißlieferanten für leckere Gerichte zur Verfügung.

Dasselbe gilt für Getreideprodukte wie Bulgur, Reis und Couscous. Sobald ich diese Grundzutaten im Haus habe, kann ich sie mit frischen Zutaten kombinieren und im Handumdrehen aromatische Currys oder andere Eintöpfe zubereiten.

TOMATEN- UND PAPRIKAMARK

Tomatenmark ist sicher vielen ein Begriff, aber was genau ist Paprikamark? Paprikamark besteht aus sonnengetrockneten Paprika, die ähnlich wie Tomatenmark verarbeitet werden. Der Geschmack ist jedoch noch würziger und intensiver. In den meisten orientalischen Gerichten wird Tomaten- oder Paprikamark zunächst in Olivenöl angeröstet, bevor die weiteren Zutaten hinzukommen. Dadurch erhält das Gericht nicht nur ein leckeres, abgerundetes Aroma, sondern auch eine schöne, kräftige Farbe.

Bei Tomaten- und Paprikamark achte ich sehr auf die Qualität. Tomatenmark aus der Tube kann bei Weitem nicht mit dem Geschmack und der Konsistenz von Tomatenmark mithalten, bei dem die Früchte in der Sonne getrocknet und anschließend verarbeitet wurden. Deshalb greife ich oft zu großen Eimern aus der Türkei, für die die Früchte von Frauen vor Ort gepflückt, getrocknet und verarbeitet wurden. Leider ist es nicht ganz einfach, hier solch hochwertige Produkte zu finden. Das Tomaten- und Paprikamark, genannt Salca, kommt der Qualität aus der Heimat aber am nächsten.

Was für mich persönlich die perfekte eigene Wohlfühlküche ausmacht, sind einfache Basics und qualitativ hochwertige Gewürze.

Meine Lieblingsgewürze: Lerne sie kennen!

Was wäre ein orientalisches Gericht ohne die richtigen Gewürze?

Hier möchte ich dir meine Lieblingsgewürze vorstellen, die in den meisten meiner Gerichte zum Einsatz kommen, und dir ein paar Tipps geben, wie du sie selbst verwenden kannst.

NANE, DIE GETROCKNETE MINZE

Nane wird gefühlt in jeder Mahlzeit verwendet, ob zum Verfeinern von Salaten oder herzhaften Gerichten. Die getrocknete Minze ist nicht mit der frischen Minze in den Speisen zu vergleichen. Getrocknete Minze gibt dem Ganzen einen frischen, aber dennoch würzigen Geschmack. Am liebsten röste ich die getrocknete Minze in meinen Gerichten, zum Beispiel in einer Linsensuppe, zuerst in Olivenöl oder veganer Butter an. Das riecht und schmeckt himmlisch und so kann sich alles richtig entfalten.

SUMACH, DIE ESSIGBAUMFRUCHT

Sumach ist eines meiner Lieblingsgewürze. Sumach wird in fast allen orientalischen Gerichten verwendet und hat einen zitronigen Geschmack. Probiere Sumach in Köfte und im Salat! Auch zu sehr deftigen Speisen wird Sumach gern gereicht, da er magenberuhigend wirken kann.

GERÄUCHERTES PAPRIKAPULVER

Wir alle kennen das Gewürz „Paprika edelsüß oder scharf“. Aber hast du schon mal geräuchertes Paprikapulver probiert? Das Raucharoma macht aus einfachen Zutaten wie Austernpilzen ein rauchig-würziges Grillerlebnis.

DÖNER-/KÖFTE-GEWÜRZ

Ich bin ein Fan davon, Gewürze nicht immer nur so zu verwenden, wie sie auf dem Etikett stehen. Auch wenn Döner- oder Köfte-Gewürze absolut perfekt für Gerichte wie veganen Döner sind, finde ich, dass Gewürzmischungen jedem Gericht eine absolute Würze verleihen. Lust auf

Nane

Sumach

Ofengemüse? Super! Dann mariniere es doch mit einem Döner- oder Köfte-Gewürz. Diese Zutaten wollen kreativ ausgelebt werden!

PUL BIBER (MILDE CHILIFLOCKEN)

Viele Menschen halten sich bei der Schärfe etwas zurück, denn zu scharfes Essen ist nicht jedermanns Sache. Das Gewürz „Pul Biber" ist jedoch die milde Variante von Chiliflocken, die sich super angenehm dosieren lässt. In fast keinem meiner Gerichte dürfen Chiliflocken fehlen und trotzdem ist es niemandem am Tisch zu scharf.

GARAM MASALA

Garam Masala wird auch das „warme Gewürz" genannt. Unter anderem, weil es dem Essen eine angenehme Wärme verleiht. Immer wenn ich Reis, Bulgur oder Couscous mit Garam Masala zubereite, werde ich mit großen Augen gefragt, was so lecker schmeckt. Das ist auch der Grund, warum ich dieses Gewürz in meinem Kochbuch immer wieder verwende. Du wirst es neu entdecken und lieben!

SAFRAN

Die Königin unter den Gewürzen, die Königsdisziplin, die einige manchmal abschreckt, weil sie nicht wissen, wie und was sie mit Safran anfangen sollen. Aber abgesehen von der wunderbaren Wirkung, die Safran mit sich bringt, ist der Geschmack einfach fantastisch.

Safran richtig zuzubereiten ist einfach. Um das volle Aroma zu entfalten, verwende ich oft Eiswürfel. Man legt drei bis vier Safranfäden auf einen Eiswürfel und lässt sie schmelzen. Eine rote Flüssigkeit entsteht, die man in jedes Gericht, ob süß oder salzig, geben kann.

Ich liebe es, wenn der Safran alles in ein wunderschönes Goldgelb färbt.

GEMÜSEBRÜHEPULVER

Wenn du darauf Wert legst, dass deine Gerichte glutenfrei sind, dann achte darauf, dass du entsprechendes Gemüsebrühepulver verwendest. Manche Produkte enthalten Gluten.

Garam Masala

Safran

Naan und Reis – die wichtigsten Basics der orientalischen Küche

Naan und Reis sind die unverzichtbaren Grundlagen der kulinarischen orientalischen Tradition. Mit ihren unterschiedlichen Varianten und Zubereitungsarten bieten sie eine perfekte Basis für die verschiedensten Saucen und Gerichte.

NAAN (FLADENBROT)

Naan heißt übersetzt „Brot". Gemeint sind damit Fladenbrote, die es in den verschiedensten Varianten gibt und die mal dicker, mal dünner gebacken werden.

In der orientalischen Küche ist Naan unglaublich beliebt, weil es zu allem passt und super die unterschiedlichen Saucen aufsaugen kann. Man kann diese Fladenbrote aber nicht nur in Saucen tunken, sondern auch als Wrap verwenden. Deshalb gibt es in diesem Buch gleich drei Fladenbrot-Rezepte – Blitz-Pfannenbrote (siehe Seite 31), Kürbis-Naan (siehe Seite 27) und Kartoffel-Fladenbrote (siehe Seite 60) –, die aus unterschiedlichen Zutaten verschieden zubereitet werden. Ich zeige dir auch, zu welchen Gerichten sie besonders gut passen.

REIS

Reis ist die perfekte Beilage für sehr viele orientalische Speisen wie gegrillte oder gebackene Gerichte und vor allem für solche, die viel Sud und Sauce beinhalten. Und wer denkt, dass Reis einfach nur Reis ist, dem sei die Welt des Reiskorns ans Herz gelegt, denn Reis gibt es weltweit in über 8.000 Sorten.

Meine absoluten Favoriten sind rundliche bis ovalförmige Reissorten mit dicken Körnern, wie es sie in türkischen Läden gibt, und Basmatireis. Beide harmonieren mit den variantenreichen orientalischen Gewürzen oder besonderen Zubereitungen, zum Beispiel karamellisiertem Gemüse, unglaublich gut.

MIT DIESEN 3 TIPPS ZAUBERST DU DEN PERFEKTEN REIS:

TIPP 1: Den Reis am Vorabend in kaltem Wasser einweichen, dabei 1 EL Zitronensaft und etwas Salz hinzugeben. Das gibt dem Reis später ein tolles Aroma. (Falls du dich erst am Kochtag für Reis entscheidest, kochendes Wasser nehmen und mindestens 30 Minuten einweichen.)

TIPP 2: Das Wasserverhältnis ist sehr wichtig, damit der Reis am Ende nicht zu körnig oder zu klebrig wird. Deshalb nehme ich für das Kochen immer eine Tasse als Maß. Das perfekte Verhältnis ist zwei Tassen Reis und drei Tassen heißes Wasser (wenn man nach meiner Methode vorher einweicht).

TIPP 3: Statt den Reis nur mit dem Topfdeckel abzudecken, ein Küchentuch zwischen Deckel und Topf klemmen, wenn man nicht sicher ist, ob die Flüssigkeitsmenge stimmt. So kann das Tuch verdampfendes überschüssiges Wasser aufnehmen und dein Reis wird noch lockerer.

Die richtige Ausrüstung zum Kochen und Servieren

Was gibt es Schöneres, als Essen auf schönen Tellern anzurichten und zu genießen?

Essen lebt nicht nur von guten Gewürzen und Zutaten, sondern auch von der optischen Schönheit. Schnörkelig bemalte Keramik, schwarze oder bunte Teller, sie alle strahlen eine ganz eigene Lebensfreude aus, die einen förmlich anlächelt, wenn man sie auf den Tisch stellt.

ALLES HAT SEINE EIGENE GESCHICHTE

Zum Beispiel schmeckt das Essen aus einem normalen Topf ganz anders als aus einem Tajine-Tongefäß. Der Prozess, wenn das Essen darin geschmort wird, über dem Feuer, trägt einfach eine Geschichte in sich, die ich gern weitergeben möchte.

Eines der Dinge, die in meiner Küche nicht fehlen dürfen, sind die vielen kleinen bunten Teller, die mit Ornamenten verziert sind. Viele habe ich aus der Türkei, Marokko oder dem Iran. Sie sind oft von Hand verziert und die Kunst auf den Tellern lässt sich wunderbar mit der Kunst des Essens verbinden.

Das Essen soll und darf nicht nur schmecken, auch das Auge isst buchstäblich mit. Ein schlichter Salat auf einem Teller voller Farben und Eleganz ist schon eine Bereicherung für das Auge.

Dazu gehören auch die kleinen Schälchen, in denen die Mezze gern angerichtet werden. Viele kleine Schälchen auf dem Tisch, gefüllt mit Kräutern, marinierten Oliven und vielen anderen leckeren Dingen wie Auberginen- oder Walnusspaste. Wenn du deinem Essen noch mehr Leben verleihen möchtest, dann lass dein Geschirr lebendig sein.

6 Tipps, wie du in der Küche Zeit sparen kannst

Die Zeit ist manchmal so unglaublich knapp und trotzdem möchte ich nicht auf die Qualität eines guten Essens verzichten, aber auch nicht auf Me-Time oder Family-and-Friends-Time! Deshalb gebe ich dir den einen oder anderen kleinen Tipp, wie du viel Zeit beim Kochen sparen kannst.

1. FRIERE MICH EIN!

Bereite Mahlzeiten im Voraus zu, indem du zum Beispiel am Wochenende größere Mengen kochst und sie dann portionierst und einfrierst. So hast du immer etwas Leckeres zur Hand, wenn du wenig Zeit hast.

2. KOCH MICH SCHNELL!

Nutze Küchengeräte wie einen Schnellkochtopf und Küchenmaschinen wie Blitzhacker, Handrührgerät oder eine Universal-Küchenmaschine sowie Standmixer, Stabmixer und auch große elektrische Pfannen, um das Vorbereiten der Zutaten zu erleichtern und das Kochen zu beschleunigen. So sparst du Zeit und kannst die Mahlzeiten mit weniger Mühe und schneller zubereiten, ohne dabei auf Qualität und Geschmack zu verzichten.

3. SCHNELLE REZEPTE!

Deshalb habe ich dieses Buch geschrieben! Unter der Woche sollen es möglichst Rezepte sein, die superschnell umzusetzen sind, aber dennoch vollen puren Genuss bieten. Am Wochenende liebe ich es dann auch mal, mit aufwendigen Rezepten mich selbst zu verwöhnen. Oder bereite viele verschiedene Mezze zu, um eine reichhaltige Tafel für Familie und Freunde zu decken.

4. EINER FÜR DEN ANDEREN!

Eine orientalische Tradition: Statt nur allein, zu zweit oder im kleinsten Kreis mit dem Kern der Familie am Tisch zu sitzen, lädt man gern Freunde, Nachbarn oder Verwandte ein und kocht gemeinsam große Portionen. Man kann sich zum Beispiel super zusammentun, um eine große Menge Falafeln zuzubereiten, sodass sich nachher jeder eine große Tüte Falafeln für die Tiefkühltruhe mitnehmen und später dann nach Belieben auftauen und aufbacken kann. So hat man die Zeit in Geselligkeit verbracht, sich unterhalten, diskutiert, nahrhaftes Essen zubereitet und obendrein das Gemeinschaftsgefühl gestärkt.

5. PLANE MICH!

Stöbere in diesem Buch, schreibe dir die gewünschten Rezepte für die Woche auf: Gehe nur einmal einkaufen und lege alles in den Kühlschrank. So vermeidest du auch, dass etwas schnell weggeworfen wird – Zeitersparnis und Nachhaltigkeit kommen so zusammen.

Offene Türen und volle Herzen

6. BRATE MICH!

Mit mehreren Pfannen gleichzeitig kochen und backen! Ich erinnere mich noch an meine Kindheit, als vier Pfannen auf dem Herd standen, um Teigtaschen oder Fladenbrote von beiden Seiten zu backen und keine Ungeduld aufkommen zu lassen. Das spart unglaublich viel Wartezeit und die Pfannen sind in wenigen Minuten gespült. Genau so machen es viele auch heute noch.

Auch ich, wobei ich gern meinen großen elektrischen Fladenbäcker benutze, auf dem ich mehrere Teigfladen schnell und einfach backen kann. Wer also gern Fladenbrot isst und vor allem frisch gebackenes liebt, der sollte sich vielleicht auch solch ein Gerät zulegen. Manche sind bereits zu einem erschwinglichen Preis erhältlich.

GASTFREUNDSCHAFT ALS MEIN LEBENSELIXIER

Wer mir auf meinem Blog folgt, hat sicher schon das eine oder andere Video gesehen, in dem ich beim Kochen die buntesten Gerichte zaubere, um meine Lieben zu verwöhnen.

Ich bin mit der Offenheit aufgewachsen, mit der unsere Familien ihr Zuhause „offenes Haus" nannten. Das heißt, meine Tür steht dem Gast immer offen. Wenn er anklopft, ist der Gast keine Last, sondern es ist eine Ehre, ihn willkommen heißen zu dürfen. Man glaubt auch, dass jeder Bissen, den ein Gast in deinem Haus zu sich nimmt, dir noch mehr Segen und noch mehr Essen ins Haus bringt.

Das kommt auch daher, dass unsere Vorfahren meist aus Gegenden kamen, wo viel Armut herrschte. Da hat der eine Nachbar sein Brot mit dem anderen geteilt. Und diese Lebensphilosophie wird bis heute weitergegeben, auch wenn wir im Überfluss leben. Denn Essen bedeutet Gemeinschaft und Zusammenhalt. So wird bei uns einmal im Jahr, in der Fastenzeit, die ganze Familie einen Monat lang zum Essen eingeladen. Ein Ritual, das unter anderem dafür sorgt, dass in einer Zeit, in der man sich in der schnelllebigen Welt leicht aus den Augen verliert, der Zusammenhalt gepflegt wird. Und was gibt es Schöneres, als bei einem guten Essen gemeinsam am Tisch zu sitzen?

Vorspeisen

Mezze, das Herz der orientalischen Küche, sind mehr als nur Vorspeisen. Diese vielfältigen Häppchen, in der Tischmitte serviert und von allen geteilt, symbolisieren Gastfreundschaft und Gemeinschaft. Sie bieten einen Vorgeschmack auf die orientalische Küche und verkörpern Lebensfreude. Mezze sind ein kulinarisches Erlebnis, das Menschen verbindet und Kultur erlebbar macht.

Teigtaschen mit Spinat-Käse-Füllung

Poğaça

Du hast keine Lust, darauf zu warten, bis der Poğaça-Hefeteig gereift ist? Dann ist dieses Rezept mit Backpulver die schnellste und fluffigste Antwort auf deine Wünsche. Gefüllt mit allem, worauf dein Herz Lust hat. Ich habe mich für eine traditionelle Spinat-Käse-Füllung entschieden. Du kannst aber auch wunderbar zu einer Kartoffel- oder Nussfüllung greifen.

Zubereitungszeit
25 Minuten plus einige Minuten Abkühlzeit und 15–20 Minuten Backzeit

Ergibt 12 Stück

TEIG
400 ml ungesüßter Sojadrink
150 g ungesüßter pflanzlicher Joghurt Natur
200 ml neutrales Raps- oder Pflanzenöl
1 EL Zitronensaft
1 EL Weißweinessig
1 kg Weizenmehl Type 405 plus etwas zum Bemehlen
3 Pck. Backpulver
2–3 TL Salz

FÜLLUNG
250 g Babyspinat
3 EL natives Olivenöl extra
1 EL Paprikamark
300 g veganer Schafskäse

TOPPING
2 EL veganer Buttersatz
1 EL Sesamsaat
1 TL Schwarzkümmelsamen

1. Den Backofen auf 180 °C Ober-/Unterhitze vorheizen.
2. Für den Teig **Sojadrink, Joghurt, Öl, Zitronensaft** und **Essig** in einer großen Schüssel mit einem Schneebesen gut verquirlen. Nach und nach **Mehl, Backpulver** und **Salz** hinzufügen, mit den Händen zu einem weichen Teig kneten und bis zur Verwendung abgedeckt beiseitestellen.
3. Für die Füllung den **Spinat** waschen, trocken schleudern und in dünne Streifen schneiden.
4. Das **Olivenöl** in einer Pfanne erhitzen und das **Paprikamark** darin anrösten. Die Spinatstreifen dazugeben, kurz anbraten, in eine Schüssel geben und einige Minuten abkühlen lassen.
5. Den **Schafskäse** zerbröseln, zum Spinat geben, vermengen und beiseitestellen.
6. Den Teig auf die **bemehlte** Arbeitsfläche geben und einmal gut durchkneten. Dann zwölf gleich große Portionen (à etwa 140 g) abstechen, jeweils zu etwa 4 cm großen Kugeln formen, flach drücken, dann etwas von der Füllung in die Mitte geben, den Teigrand nach oben ziehen, über der Füllung zusammendrücken und wieder zu einer Kugel formen. Mit der Naht nach unten und mit ausreichend Abstand auf ein mit Backpapier ausgelegtes Backblech geben.
7. Für das Topping den **Butterersatz** schmelzen und die Teiglinge damit bestreichen. Mit **Sesam** und **Schwarzkümmel** bestreuen, in den vorgeheizten Ofen (mittlere Schiene) geben und 15–20 Minuten goldgelb backen.

TIPP

Poğaça werden am liebsten mit Joghurt zu einem Glas Tee serviert. Sie werden auch gern ohne Füllung zubereitet, sodass man sie wie Frühstücks- oder Picknickbrötchen belegen kann.

Gebratene Auberginen in Tomatensauce mit Knoblauch-Joghurt

Köpoğlu

Die Königin unter den Mezze. Und eine Übersetzung, die wohl ein wenig zum Schmunzeln anregt. Köpoğlu heißt auf Türkisch „Schweinehund“. Ich finde aber, dass man für dieses Mezze gar nicht so sehr seinen Schweinehund überwinden muss, denn es ist in kurzer Zeit zubereitet und auch superbeliebt als Aufstrich.

Zubereitungszeit
30 Minuten plus 5–10 Minuten Garzeit und Abkühlzeit

Für 4 Personen

KÖPOĞLU
2 mittelgroße Auberginen
Salz
1 rote Zwiebel
1 grüne Spitzpaprika
1 rote Spitzpaprika
1 EL natives Olivenöl extra
250 g passierte Tomaten
1 TL Sumach
½ TL mildes Pul Biber (milde Chiliflocken)
schwarzer Pfeffer aus der Mühle
mind. 500 ml geschmacksneutrales Raps- oder Pflanzenöl
1 EL gehackte glatte Petersilie

KNOBLAUCH-JOGHURT
2 Knoblauchzehen
350 g ungesüßter pflanzlicher Joghurt Natur
Salz
schwarzer Pfeffer aus der Mühle

1 Für das Köpoğlu die **Auberginen** waschen, putzen, in 2–3 cm große Stücke schneiden und in eine Schüssel geben. 1 TL **Salz** darüberstreuen, mischen, mit kaltem Wasser bedecken und etwa 10 Minuten ziehen lassen, damit eventuelle Bitterstoffe entzogen werden. Danach abgießen, die Auberginen leicht ausdrücken und mit Küchenpapier trocken tupfen.
2 Währenddessen die **Zwiebel** schälen und fein würfeln. Beide **Paprika** waschen, entkernen und in Ringe schneiden. **Olivenöl** in einem Topf erhitzen und die Zwiebeln darin glasig dünsten. Die Paprika dazugeben und anbraten. Mit den **passierten Tomaten** ablöschen und 5–10 Minuten einköcheln lassen. Die Tomatensauce mit **Gewürzen, Salz** und **Pfeffer** abschmecken und abkühlen lassen.
3 Inzwischen in einer großen Pfanne das **Öl** erhitzen und die Auberginen darin portionsweise bei mittlerer bis hoher Hitze rundum braten, bis sie weich sind. Auf Küchenpapier kurz abtropfen lassen. Dann in die Tomatensauce geben und 1–2 Minuten köcheln lassen. Die Auberginen mit der Tomatensauce in eine Servierschale füllen und abkühlen lassen.
4 Für den Knoblauch-Joghurt die **Knoblauchzehen** schälen und fein hacken, dann in den **Joghurt** rühren und mit **Salz** und **Pfeffer** abschmecken.
5 Den Knoblauch-Joghurt über das Köpoğlu geben und mit **Petersilie** garnieren.

glutenfrei, frei von raffiniertem Zucker

TIPPS Am liebsten isst man Köpoğlu mit frischem Fladenbrot, das du auch selbst machen kannst, zum Beispiel Kartoffel-Fladenbrote (siehe Seite 60) oder Blitz-Pfannenbrote (siehe Seite 31). Aber auch als grober Aufstrich schmecken diese Auberginen wunderbar. Wenn Auberginen in viel Öl gebraten werden, saugen sie weniger Fett auf. Das restliche Öl kannst du noch drei- bis viermal verwenden. Einfach durch ein feines Sieb in ein Glas abseihen und aufbewahren.

Was gibt es Besseres, als geröstetes Brot in Schafskäsecreme zu tunken? Einfach alles in den Mixer geben und genießen – ob zum Frühstück, Brunch, Abendessen oder als Mitbringsel.

Eine orientalische Köstlichkeit, die auf keinem Frühstückstisch fehlen darf. Oft bereite ich sie vor, dann kann man sie mehrere Tage morgens servieren. Was ich an wirklich gutem Essen liebe, ist, aus einzelnen Zutaten etwas Besonderes zu kreieren. Nicht einfach nur Oliven zu essen, sondern sie so zu veredeln, dass sie einen ganz neuen Status bekommen. Und das kann man mit fast jeder anderen Zutat ebenfalls tun.

Gebratene Oliven

Zeytune

Zubereitungszeit
ca. 10 Minuten plus Abkühlzeit

Für 4 Personen
100 ml natives Olivenöl extra
2 Knoblauchzehen
1 TL Paprikamark (alternativ Tomatenmark)
5-6 getrocknete Tomaten (in Lake oder Öl eingelegt)
180 g entsteinte grüne Oliven
6 Walnusskernhälften
1 TL getrockneter Oregano
1 TL Sumach
½ TL schwarzer Pfeffer aus der Mühle
4 EL Granatapfelkonzentrat (Nar ekşisi)

1 Das **Olivenöl** in einer Pfanne erhitzen. Die **Knoblauchzehen** schälen, fein hacken und kurz anbraten. **Paprikamark** und **getrocknete Tomaten** hinzugeben und mitbraten.

2 Die **Oliven** nach Belieben ganz lassen oder halbieren, dann mit in die Pfanne geben und kurz anbraten. Die **Walnüsse** fein hacken, hinzufügen und schwenken.

3 Mit **Gewürzen** und **Granatapfelkonzentrat** abschmecken, die Olivenmischung in eine Servierschale geben und abkühlen lassen.

TIPP

Dazu passt am besten dünnes Fladenbrot. Probiere auch mal meine Kartoffel-Fladenbrote (siehe Seite 60) oder Kürbis-Naan (siehe Seite 27) dazu. Keine Sorge wegen der Ölmenge! Das Öl konserviert die Mischung, sodass man sie problemlos einige Tage aufbewahren kann.

Pikante Käsecreme

Kremat Aljubn Alhar

Zubereitungszeit
10 Minuten

Für 4 Personen
1 Knoblauchzehe
200 g veganer Schafskäse
70 g ungesüßter pflanzlicher Joghurt Natur
1 TL getrockneter Oregano
schwarzer Pfeffer aus der Mühle
1 EL weiße Sesamsaat
natives Olivenöl extra

1 Die **Knoblauchzehe** schälen, den **Schafskäse** grob in Stücke schneiden, beides mit dem **Joghurt** in einen Mixbecher geben und mit dem Stabmixer pürieren. Mit **Oregano** und **Pfeffer** abschmecken und in eine Schale geben.

2 Den **Sesam** in einer kleinen Pfanne rösten. Die Käsecreme mit etwas **Olivenöl** beträufeln und den gerösteten Sesam darüberstreuen.

TIPP

Die Käsecreme passt auch super zu den knusprigen Kartoffelstäbchen (siehe Seite 74) oder zu den Pilz-Grillspießen (siehe Seite 109). Du musst keinen veganen Schafskäse kaufen, sondern kannst ihn auch selbst machen. Dazu brauchst du nur frischen Tofu vom Asia-Markt: In Würfel schneiden und mit 2 EL Rapsöl, etwas Salz und zwei zerdrückten Knoblauchzehen marinieren und über Nacht ziehen lassen.

Versunkene „Eier“ in Tomatensauce

Shakshuka

Schon mal Kala Namak (Schwarzsalz) probiert? Dieses indisch-pakistanische Würzsalz schmeckt wegen der enthaltenen Schwefelverbindungen tatsächlich nach Ei. In Kombination mit weichem Tofu für die Konsistenz, Kurkuma für die gelbe Farbe und Kala Namak für den Ei-Geschmack zaubern wir ein traditionelles nordafrikanisches oder vorderorientalisches Frühstück auf den Tisch.

Zubereitungszeit
15 Minuten plus
10 Minuten Garzeit

Für 4 Personen

TOMATENSAUCE
1 Zwiebel
1 Knoblauchzehe
2 rote Paprika
2 EL natives Olivenöl extra
1 Dose geschälte Tomaten
½ TL gemahlener Kreuzkümmel (Kimyon)
½ TL mildes Pul Biber (milde Chiliflocken)
Salz
schwarzer Pfeffer aus der Mühle
3-4 Stängel glatte Petersilie

„EIER“
300 g Seidentofu
½ TL Kala Namak (Schwarzsalz)
½ TL gemahlene Kurkuma

1 Für die Tomatensauce die **Zwiebel** schälen, halbieren und in feine Streifen schneiden. Die **Knoblauchzehe** schälen und fein hacken. Die **Paprika** waschen, vierteln, entkernen und quer in feine Streifen schneiden.

2 Das **Olivenöl** in einer großen Pfanne erhitzen, Zwiebeln, Knoblauch und Paprika darin andünsten. Die **Tomaten** dazugeben und mit dem Kochlöffel zerdrücken. Mit **Kreuzkümmel, Pul Biber, Salz** und **Pfeffer** würzen und bei mittlerer Hitze köcheln lassen.

3 Für die „Eier“ den **Seidentofu** mit **Kala Namak** und **Kurkuma** in einen Mixbecher geben und mit dem Stabmixer pürieren.

4 Mit einem Löffel vier Mulden in die Tomatensauce drücken. Die pürierte Tofumischung hineingeben, den Deckel auflegen und bei mittlerer Hitze 10 Minuten köcheln lassen.

5 Die **Petersilie** abbrausen, trocken schütteln und hacken. Die Shakshuka mit der gehackten Petersilie garnieren und aus der Pfanne servieren.

TIPP

Dazu dünnes Fladenbrot reichen. Oder Brotscheiben in etwas veganer Knoblauchbutter rösten und in die saftige Shakshuka tunken. Natürlich passen auch meine leckeren selbst gemachten Fladenbrote super, zum Beispiel die Blitz-Pfannenbrote (siehe Seite 31) oder die Kartoffel-Fladenbrote (siehe Seite 60).

glutenfrei, frei von raffiniertem Zucker

BACKTIPP Wenn du öfter Pfannenbrote oder andere orientalische Teigwaren wie Gözleme (siehe Seite 93) backen möchtest, lohnt es sich, einen großen elektrischen Fladenbäcker anzuschaffen, auf dem du schnell mehrere Brote backen kannst. Ich liebe dieses Gerät! Ansonsten behilft man sich auch im orientalischen Raum mit gleich mehreren Pfannen.

Kürbis-Naan

Yaqtin Naan

Knautschig, knautschiger, Kürbis-Naan! Naan heißt in vielen Kulturen übersetzt „Brot". Es gibt die verschiedensten Variationen davon und diese ist besonders saftig. Auch die Farbe, die durch den Kürbis entsteht, ist eine absolute Bereicherung für alle Sinne.

Zubereitungszeit
ca. 30 Minuten plus
ca. 10 Minuten Garzeit und
mind. 60 Minuten Ruhezeit

Ergibt 12 kleine Fladen
200 g Hokkaido-Kürbis
1 TL Zucker
½ Würfel frische Hefe
400 g Weizenmehl Type 405
2 EL ungesüßter pflanzlicher Joghurt Natur
2 EL natives Olivenöl extra plus etwas zum Einfetten
1 TL Salz
½ TL Garam Masala
½ TL gemahlene Kurkuma

1 Den **Kürbis** entkernen, klein schneiden, in einen Topf geben, knapp mit Wasser (etwa 160 ml) bedecken, den Deckel auflegen und etwa 10 Minuten weich kochen. Abgießen, in eine Schüssel geben und mit einem Kartoffelstampfer oder einer Gabel zerdrücken.

2 Inzwischen **Zucker** und **Hefe** mit 2 EL handwarmem Wasser in einer Schale verrühren, bis sich die Hefe aufgelöst hat. Die Mischung etwa 5 Minuten ruhen lassen.

3 **Mehl, Joghurt, Olivenöl** und **Salz** in eine große Schüssel geben, Hefemischung, **Garam Masala** und **Kurkuma** dazugeben und mischen. Das Kürbispüree hinzufügen und alles gut zu einem weichen Teig verkneten, bei Bedarf etwas Wasser hinzufügen. Abdecken und den Teig an einem warmen Ort mindestens 60 Minuten gehen lassen.

4 Wenn sich das Teigvolumen verdoppelt hat, den weichen Teig noch einmal kurz mit den Händen durchkneten, in zwölf gleich große Portionen (à etwa 55 g) teilen und zu Kugeln formen. Die Hälfte davon auf der leicht **bemehlten** Arbeitsfläche mit einem Nudelholz zu dünnen Ovalen ausrollen.

5 Zwei große Pfannen mit etwas **Öl** ausstreichen, jeweils drei Teigfladen hineingeben und bei mittlerer bis hoher Hitze von einer Seite 3–5 Minuten backen, bis sich Blasen auf der Oberfläche bilden. Dann wenden und von der anderen Seite noch mal 3–5 Minuten goldbraun backen. Auf die gleiche Weise sechs weitere Kürbis-Naan backen.

TIPP

Nach Belieben 2 EL veganen Butterersatz in einem kleinen Topf zerlassen, eine Knoblauchzehe schälen, fein hacken und darin anschwitzen. Die fertigen Fladen damit bestreichen und mit etwas gehackter glatter Petersilie und Naan-Gewürz (orientalisches Brotgewürz) bestreuen. Diese leckere Gewürzmischung bekommst du in meinem Onlineshop. Oder mit Rosenbutter (siehe Seite 32) bestreichen und mit einem Glas Tee genießen.

Zucchini in Joghurt mit gerösteter Sonnenblumenkern-Paprika-Butter

Kusa bi Laban

Wenn es etwas gibt, das auf keinem orientalischen Tisch fehlen darf, dann sind es Mezze. Und das arabische Kusa bi Laban ist so gut, dass es unbedingt in dieses Buch musste. Ich habe das Gericht bei meiner Freundin ausprobiert und war verliebt. Mezze sind Vorspeisen, die man als Beilage zu so gut wie jedem Gericht servieren kann.

Zubereitungszeit
ca. 10 Minuten plus 7–8 Minuten Garzeit

Für 4 Personen
2 mittelgroße Zucchini
3 EL natives Olivenöl extra
4 Knoblauchzehen
Salz
400 g ungesüßter pflanzlicher Joghurt Natur
1 EL veganer Butterersatz
2 EL Sonnenblumenkerne
1 TL Nane (getrocknete Minze)
1 TL geräuchertes Paprikapulver
schwarzer Pfeffer aus der Mühle

1 Die **Zucchini** waschen, in eine Schüssel raspeln, die Flüssigkeit ausdrücken und abgießen.

2 Das **Olivenöl** in einer Pfanne erhitzen. Die **Knoblauchzehen** schälen, in die Pfanne pressen und goldgelb anbraten. Die Zucchiniraspel dazugeben, 7–8 Minuten leicht dünsten und mit **Salz** abschmecken. In eine Schüssel geben, den **Joghurt** einrühren und 2–3 Minuten ziehen lassen.

3 Inzwischen den **Butterersatz** in einer anderen Pfanne zerlassen und die **Sonnenblumenkerne** mit der **Nane** darin rösten. Mit dem **Paprikapulver** bestreuen, vermischen und kurz anbraten.

4 Die Zucchini-Joghurt-Mischung auf einen Servierteller geben. Die Sonnenblumenkern-Paprika-Butter darauf verteilen und lauwarm oder kalt servieren.

TIPP

Mezze lieben es, hübsch dekoriert zu werden. Du kannst das Gericht auch mit etwas Olivenöl beträufeln und mit Minze und essbaren Rosenblättern garnieren. Probiere dazu mal frittierte orientalische Austernpilze (siehe Seite 117) oder Linsenbratlinge (siehe Seite 122).

glutenfrei, frei von raffiniertem Zucker

Blitz-Pfannenbrote

Tava Ekmeği

Dieses Rezept ist perfekt, wenn es mal schnell gehen muss und man den Geschmack und Duft von frisch gebackenem Pfannenbrot liebt. In kurzer Zeit ist es fertig zum Dippen in Saucen, als Beilage zu Currys oder als Bereicherung auf dem Frühstückstisch. Das geht, weil dieses Rezept ohne Hefe auskommt. Ausprobieren und sich verlieben!

Zubereitungszeit
ca. 30 Minuten

Ergibt 8 Pfannenbrote

TEIG
220 g ungesüßter pflanzlicher Joghurt Natur
1 Pck. Backpulver
480 g Weizenmehl Type 405 plus etwas zum Bemehlen
1 TL Salz
2 EL natives Olivenöl extra

ZUM BESTREICHEN
2 EL veganer Butterersatz
1 EL gehackte glatte Petersilie

1 Für den Teig **Joghurt** und 200 ml lauwarmes Wasser in einer Schüssel verrühren, **Backpulver** hinzufügen und vermischen. Das **Mehl** nach und nach dazugeben und mit der Hand kneten, bis ein homogener Teig entsteht. Zum Schluss **Salz** und **Olivenöl** einarbeiten, bis der Teig schön weich ist.

2 Den Teig rund formen, auf der leicht **bemehlten** Arbeitsfläche in acht gleich große Stücke (à etwa 115 g) teilen und zu Kugeln formen. Dann nacheinander flach drücken, mit dem Nudelholz zu 15–17 cm großen runden Fladen ausrollen und in zwei beschichteten Pfannen bei mittlerer bis hoher Hitze von beiden Seiten jeweils etwa 2–3 Minuten goldbraun backen. Wenn sich die Pfannenbrote ballonartig aufblähen, sind sie gut gelungen.

3 Inzwischen den **Butterersatz** in einem kleinen Topf zerlassen. Die Oberfläche der Pfannenbrote von beiden Seiten damit bestreichen und mit **Petersilie** garnieren.

TIPP

Bestreue für noch mehr Geschmack und Optik deine Pfannenbrote mit Sesam- und Schwarzkümmelsamen. Köstlich dazu ist Rosenbutter (siehe Seite 32). Im Vorderen Orient werden die Pfannenbrote meist in mehreren Pfannen gebacken, damit niemand warten muss. Noch schneller geht es natürlich mit einem elektrischen Fladenbäcker (oder einer großen Grillplatte), auf dem man gleich mehrere Fladen backen kann.

Rosenbutter

Kare Gol-e Roz

Die Rose gilt als Symbol von Leidenschaft und Liebe. Diese Rezeptur wird sich wie ein Liebesgeständnis an dich selbst anfühlen. Eine simple Zutat wie Butter zeigt, dass mit wenigen Handgriffen und der richtigen Prise ein pures Geschmackserlebnis gezaubert werden kann.

Zubereitungszeit
ca. 5 Minuten plus mind. 30 Minuten Kühlzeit

Ergibt ca. 250 g
250 g zimmerwarmer veganer Butterersatz
1 TL Salz
1 Handvoll getrocknete essbare Rosenblütenblätter plus nach Belieben etwas zum Bestreuen
½ TL mildes Pul Biber (milde Chiliflocken)

1 Den weichen **Butterersatz** in eine Schüssel geben, das **Salz** hinzufügen und mit den Quirlen des Handrührgeräts schaumig rühren. Dann **Rosenblütenblätter** und **Pul Biber** in die Butter einarbeiten.
2 Die Rosenbutter auf ein Stück Backpapier geben, mithilfe des Papiers zu einer Rolle formen, einwickeln, die Enden zudrehen und im Kühlschrank mindestens 30 Minuten kalt stellen.
3 Die Butter nach Belieben in **Rosenblütenblättern** wälzen und auf einen Servierteller oder in eine Butterdose geben.

TIPP

Diese Rosenbutter schmeckt zu frisch gebackenem Brot wie Blitz-Pfannenbrot (siehe Seite 31), 7-Minuten-Brot (siehe Seite 47) oder Kürbis-Naan (siehe Seite 27). Sie passt aber auch zu Gözleme (siehe Seite 93) oder zu den 1001-Löcher-Pfannkuchen (siehe Seite 131) und ist ein rosiger Blickfang auf dem Frühstückstisch. Die Form der Rosenbutter kannst du nach Belieben variieren, indem du sie in hübsche Silikonformen füllst und über Nacht kalt stellst.

ROSENBLÜTENBLÄTTER

Getrocknete Rosenblütenblätter kannst du über meinen Onlineshop bekommen. Sie sind mehr als 1 Jahr haltbar. Wenn du ungespritzte Rosen im Garten hast, kannst du auch frische Rosenblütenblätter verwenden. Du kannst sie auch – getrocknet oder frisch – über Salate streuen oder Dips und Desserts wunderschön damit garnieren.

glutenfrei, frei von raffiniertem Zucker

Gurken-Tomaten-Salat mit Granatapfel und Minze

Shirazi-Salat

Schon mal geröstete getrocknete Minze im Salat gegessen? Wenn nicht, dann ist es Zeit für einen der leckersten Salate überhaupt. Der persische Shirazi-Salat sieht nicht nur durch das Farbenspiel von Rosen und Minze wunderschön aus, sondern ruft in Kombination mit Zitronensaft und Granatapfelkonzentrat eine wahre Geschmacksexplosion hervor.

Zubereitungszeit
20 Minuten

Für 4 Personen

DRESSING
1 EL Nane (getrocknete Minze)
2 EL natives Olivenöl extra
1 TL Sumach
1 TL mildes Pul Biber
(milde Chiliflocken)
Saft von ½ Zitrone
5 EL Granatapfelkonzentrat
(Nar ekşisi)

SALAT
1 Salatgurke
2 Tomaten
1 rote Zwiebel
Salz
schwarzer Pfeffer aus der Mühle
2 EL essbare getrocknete
Rosenblütenblätter

1 Für ein perfektes Dressing in einer kleinen Pfanne die **Nane** im **Olivenöl** bei mittlerer Hitze anbraten. **Sumach** und **Pul Biber** hinzufügen und vom Herd nehmen. **Zitronensaft** und **Granatapfelkonzentrat** einrühren und beiseitestellen.
2 Für den Salat die **Gurke** waschen und ungeschält in sehr feine Würfel schneiden. Die **Tomaten** waschen und fein würfeln, dabei die Stielenden entfernen. Die **Zwiebel** schälen, ebenfalls fein würfeln und alles in eine Schüssel geben. Die Kunst des Shirazi-Salats besteht darin, die Zutaten in so kleine und feine Würfel wie möglich zu schneiden.
3 Das Dressing über die Salatmischung träufeln und gut durchmischen. Mit **Salz** und **Pfeffer** abschmecken und mit **Rosenblättern** garnieren.

TIPP

Der Shirazi-Salat wird traditionell gern mit arabischem dünnem Fladenbrot gegessen, mit dem auch der Saft des Salats aufgesogen werden kann. Im Buch habe ich auch einige schöne Rezepte wie Blitz-Pfannenbrote (siehe Seite 31), Kürbis-Naan (siehe Seite 27) oder Kartoffel-Fladenbrote (siehe Seite 60). Probiere auch mal die leckeren kleinen Pide-Schiffchen aus Blätterteig (siehe Seite 73) dazu.

glutenfrei, frei von raffiniertem Zucker

Gebratener Salat mit Minze-Paprika-Buttersauce

Salatati

Salat kann so viel mehr als nur Öl-Dressing. Salat liebt es, gebraten zu werden, um anschließend in einer Minze-Paprika-Buttersauce zu baden. Entdecke einfaches Gemüse wie in diesem persischen Gericht neu!

Zubereitungszeit
15 Minuten plus Abkühlzeit

Für 4 Personen

SALAT
1 Kopfsalat
3 EL natives Olivenöl extra
1 Knoblauchzehe
500 g ungesüßter pflanzlicher Joghurt Natur
1 TL Sumach
½ TL mildes Pul Biber (milde Chiliflocken)
Salz
1 EL geröstete Pinienkerne (nach Belieben)

MINZE-PAPRIKA-BUTTERSAUCE
1 EL veganer Butterersatz
1 TL Nane (getrocknete Minze)
1 TL edelsüßes Paprikapulver

1 Den **Kopfsalat** in Blätter zerlegen, waschen, trocken schütteln und in feine Streifen schneiden.
2 Das **Olivenöl** in einer großen Pfanne erhitzen und den Kopfsalat darin anbraten, bis das Wasser verdunstet ist und die Streifen leicht angebraten sind. In eine Schüssel geben und abkühlen lassen.
3 Die **Knoblauchzehe** schälen, fein hacken und in eine Schüssel geben. **Joghurt, Sumach, Pul Biber** und etwas **Salz** hinzufügen und vermischen.
4 Für die Minze-Paprika-Buttersauce den **Butterersatz** in einer kleinen Pfanne oder einem kleinen Topf zerlassen und die **Nane** darin kurz anrösten. Das **Paprikapulver** dazugeben und kurz mit anbraten.
5 Die Joghurtmischung zum gebratenen Salat geben, gut unterheben und auf einen Servierteller geben. Mit der Minze-Paprika-Buttersauce beträufeln und nach Belieben mit gerösteten **Pinienkernen** bestreuen.

TIPP

Es kann auch jede andere Salatsorte verwendet werden, Romanasalat eignet sich beispielsweise ebenfalls wunderbar. Serviere dieses Mezze mal zu Pide-Schiffchen aus Blätterteig (siehe Seite 73) oder zu Tofuschnitzeln (siehe Seite 110).

glutenfrei, frei von raffiniertem Zucker

TIPP Statt Couscous kannst du Bulgur nehmen und wie im Rezept angegeben verwenden. Serviere dazu auch mal die Tofuschnitzel (siehe Seite 110).

Gerösteter Couscous-Salat

Kuskus

Schnell, einfach, nahrhaft, lecker! Die meisten kennen es, dass Couscous einfach mit heißem Wasser übergossen wird und fertig. Aber ein unvergleichbarer Tipp, den ich dir hier mitgebe, ist, den Couscous nicht nur zu übergießen, sondern ihn vorher kurz in der Pfanne anzurösten. So wird er unglaublich aromatisch, nussig und geschmackvoll.

Zubereitungszeit
20 Minuten

Für 4 Personen

SALAT
250 g Couscous
1 TL Biogemüsebrühepulver (ohne Zusätze)
3 Tomaten (250 g)
½ Salatgurke (200 g)
2 Frühlingszwiebeln

DRESSING
Saft von ½ Zitrone
3 EL natives Olivenöl extra
2 EL Granatapfelkonzentrat (Nar ekşisi)
1 EL Tomatenmark
½ TL Paprikamark
1 TL Sumach
1 TL Nane (getrocknete Minze)
1 TL mildes Pul Biber (milde Chiliflocken)
½ TL gemahlener Kreuzkümmel (Kimyon)
1 TL Ras el-Hanout
1 Prise Salz
1 Prise schwarzer Pfeffer aus der Mühle

1 Für den Salat den **Couscous** in einer Pfanne ohne Fett einige Minuten anrösten, um ein nussiges Aroma zu erhalten. In eine Schüssel geben, das **Gemüsebrühepulver** darüberstreuen, dann 300 ml kochendes Wasser angießen und 10 Minuten quellen lassen.
2 Inzwischen die **Tomaten** waschen und fein würfeln, dabei die Stielansätze entfernen. Die **Gurke** waschen und ungeschält ebenfalls fein würfeln. Die **Frühlingszwiebeln** putzen, waschen und in Ringe schneiden.
3 Alle **Zutaten** für das Dressing verrühren, über den Couscous gießen, Tomaten, Gurken und Frühlingszwiebeln hinzugeben und gut vermischen. Abschmecken, eventuell noch etwas **Zitronensaft, Granatapfelsaft** oder andere **Gewürze** hinzufügen.

PROTEIN-VARIANTE

Für mehr Eiweiß nach Belieben 200 g veganen Feta in kleine Würfel schneiden und untermischen oder 100 g abgetropfte Kichererbsen aus dem Glas unterheben.

GLUTENFREIE VARIANTE

Wenn du Lust auf eine glutenfreie Variante hast, kannst du stattdessen Quinoa oder Hirse mit Gemüsebrühepulver und etwa 500 ml Wasser gar kochen, abkühlen lassen und verwenden.

Roter knuspriger Reissalat

Çıtır Pilav

Knuspriger roter Reis, saftige Zutaten. Mein Lieblingsrezept, wenn es um Resteverwertung geht und noch viel Reis vom Vortag übrig ist. Das Gericht ist aber so lecker, dass ich es nicht nur zubereite, um Reisreste zu verwerten, sondern auch gern extra den Reis koche, um diesen Salat zu machen, der zu meinen Favoriten zählt.

Zubereitungszeit
15 Minuten plus
30 Minuten Backzeit

Für 4 Personen

SALAT
ca. 600 g gekochter Basmatireis vom Vortag
1 EL Tomatenmark
½ Bund glatte Petersilie
300 g Rotkohl
1 Zwiebel
140 g Maiskörner aus der Dose
1 Handvoll Walnusskerne

DRESSING
1 Knoblauchzehe
4 EL natives Olivenöl extra
Saft von 1 Zitrone
1 EL Granatapfelkonzentrat (Nar ekşisi)
1 TL Nane (getrocknete Minze)
1 TL Sumach
Salz
schwarzer Pfeffer aus der Mühle

1 Den Backofen auf 180 °C Ober-/Unterhitze vorheizen.
2 Für den Salat den **Reis** in eine Schüssel geben und gut mit dem **Tomatenmark** vermischen. Auf einem mit Backpapier ausgelegten Backblech verteilen, in den vorgeheizten Ofen (mittlere Schiene) geben und 30 Minuten knusprig backen.
3 In der Zwischenzeit die **Petersilie** abbrausen, trocken schütteln und fein hacken. Den **Rotkohl** waschen und in dünne Streifen schneiden oder hobeln. Die **Zwiebel** schälen, halbieren und in feine Ringe schneiden. Alles mit dem **Mais** in eine große Schüssel geben.
4 Für das Dressing die **Knoblauchzehe** schälen und in eine kleine Schüssel pressen. **Olivenöl, Zitronensaft, Granatapfelkonzentrat, Nane, Sumach,** etwas **Salz** und **Pfeffer** hinzugeben und vermischen. Die **Walnüsse** grob hacken.
5 Den knusprig gebackenen Reis aus dem Ofen nehmen, zur Gemüsemischung in die Schüssel geben, Dressing darüberträufeln, alles gut vermengen, die Walnüsse darüberstreuen und servieren.

TIPP

Falls du keinen Reis vom Vortag hast, einfach 200 g Basmatireis nach Packungsangaben mit etwas Salz gar kochen und verwenden.

glutenfrei, frei von raffiniertem Zucker

Karamellisierter Karotten-Apfel-Salat

Elmalı Salata

Die fruchtige Säure der Äpfel und der Quitte harmoniert wunderbar mit den karamellisierten Karotten. Zusammen ergibt es eine kräftige Geschmacksnuance, die erlebt werden muss.

Zubereitungszeit
15 Minuten plus 5–8 Minuten Garzeit und Abkühlzeit

Für 4 Personen
3 Karotten
2 EL natives Olivenöl extra
1 TL Ahornsirup
400 g ungesüßter pflanzlicher Joghurt Natur
2 Knoblauchzehen
3 EL Zitronensaft
½ TL mildes Pul Biber (milde Chiliflocken)
1 TL Sumach
Salz
schwarzer Pfeffer aus der Mühle
2 EL vegane Mayonnaise (nach Belieben)
2 Äpfel
1 Quitte
1 Salatgurke
1 Handvoll Walnusskerne

1 Die **Karotten** schälen und raspeln. Das **Öl** in einer Pfanne erhitzen und die Karottenraspel darin bei mittlerer Hitze 5–8 Minuten weich dünsten. Den **Ahornsirup** darüberträufeln und karamellisieren lassen, bei Bedarf etwas Wasser angießen. Die karamellisierten Karotten auf einen Teller geben und abkühlen lassen.

2 Inzwischen den **Joghurt** in eine Schüssel geben. **Knoblauchzehen** schälen und hineinpressen. **Zitronensaft, Pul Biber, Sumach,** etwas **Salz** und **Pfeffer** sowie nach Belieben **Mayonnaise** hinzufügen und vermengen.

3 **Äpfel** und **Quitte** schälen, entkernen und in kleine Würfel schneiden. Die **Gurke** ebenfalls schälen und in kleine Würfel schneiden. Die **Walnüsse** klein hacken und etwas davon zum Garnieren beiseitestellen. Alles zur Joghurtmischung geben, gut vermengen und mit **Salz** und **Pfeffer** abschmecken.

4 Auf einem Servierteller oder einer Servierplatte anrichten und die Karotten als zweite Schicht mittig daraufgeben. Mit den beiseitegestellten Walnüssen garnieren und kurz kalt stellen.

TIPP

Greife bei den Äpfeln zu einer knackigen und saftigen Sorte. Mürbe Äpfel eignen sich für diesen Salat nicht ganz so gut.

glutenfrei

Bohnen und Kichererbsen in Tahin-Joghurt-Sauce

Foul

Foul, auch Ful oder Foul Medammes genannt, ist im Vorderen Orient und arabischen Raum ein beliebtes Gericht, das traditionell mit Fladenbrot, das die Gabel ersetzt, zum Frühstück gegessen wird. Probiere es doch mal! Tauche das Fladenbrot in den Foul und genieße ein herzhaftes Frühstück. Und natürlich ist Foul auch ein tolles Mezze.

Zubereitungszeit
10 Minuten

Für 4 Personen
250 g Saubohnen (dicke Bohnen) aus der Dose
250 g Kichererbsen aus dem Glas
2 Knoblauchzehen
6 EL ungesüßter pflanzlicher Joghurt Natur
2 EL Tahin (Sesampaste)
Saft von 1 Zitrone
1 EL Granatapfelkonzentrat (Nar ekşisi)
1 TL gemahlener Kreuzkümmel (Kimyon)
1 TL Sumach
½ TL Nane (getrocknete Minze)
½ TL mildes Pul Biber (milde Chiliflocken)
Salz
schwarzer Pfeffer aus der Mühle
1 Tomate
2 Stängel glatte Petersilie
2 EL natives Olivenöl extra
2 Prisen edelsüßes Paprikapulver

1 **Saubohnen** und **Kichererbsen** in ein Sieb geben, abbrausen, in einen Topf geben, etwas Wasser angießen, zum Erhitzen aufkochen, dann das Wasser abgießen.

2 In der Zwischenzeit die **Knoblauchzehen** schälen und in eine Schüssel pressen. **Joghurt, Tahin** und **Zitronensaft** hinzufügen und vermengen. **Granatapfelkonzentrat** und **Gewürze** dazugeben, alles gut vermischen und mit **Salz** und **Pfeffer** abschmecken.

3 Heiße Bohnen und Kichererbsen unter die Joghurtmischung heben. Die **Tomate** waschen, den Stielansatz entfernen, in kleine Würfel schneiden und untermischen.

4 Die **Petersilie** abbrausen, trocken schütteln und hacken. Den lauwarmen Foul in schöne tiefe Servierschalen geben, mit dem **Olivenöl** beträufeln und mit Petersilie und **Paprikapulver** garnieren.

TIPP

Dazu Fladenbrot zum Dippen reichen, das du selbst backen kannst, zum Beispiel Kartoffel-Fladenbrote (siehe Seite 60), Blitz-Pfannenbrote (siehe Seite 31) oder Kürbis-Naan (siehe Seite 27). Foul kann am Vorabend zubereitet und am nächsten Morgen kalt zum Frühstück gegessen werden. Du kannst auch Pinienkerne rösten und über das Gericht streuen. Außerdem weiße Bohnen aus der Dose statt Saubohnen verwenden.

glutenfrei, frei von raffiniertem Zucker

7-Minuten-Brot mit Karotten und Walnüssen

Havuçlu Ekmek

In 7 Minuten sein eigenes Brot backen? Das ist das „Ich habe keine Zeit, meinen Brotteig ruhen zu lassen"- oder „Ich habe vergessen, Brot einzukaufen, also backe ich schnell selbst eins"-Rezept. Was auch immer der Impuls ist: Dieses Brot mit Karotten ist der geschmackvolle Retter in jeder Situation.

Zubereitungszeit
7 Minuten plus 50 Minuten Backzeit und Abkühlzeit

Ergibt 1 Brot
1 Karotte
50 g Walnusskerne
200 g Weizenmehl Type 405
190 g Dinkelmehl Type 630
60 g Haferflocken
50 g Sonnenblumenkerne
1 TL Salz
1 TL Zucker
1 Pck. Trockenhefe
360 ml kohlensäurehaltiges Mineralwasser
Pflanzenöl zum Einfetten

AUSSERDEM
Kastenform (ca. 24 cm Länge)

1 **Karotte** schälen und in die Rührschüssel der Küchenmaschine reiben. Die **Walnüsse** fein hacken, mit beiden **Mehlen, Haferflocken, Sonnenblumenkernen, Salz, Zucker** und **Trockenhefe** zu den Karotten geben und mit dem Knethaken bei langsamer Geschwindigkeit gut mischen. Dann auf mittlere Stufe stellen, das **Mineralwasser** nach und nach dazugeben und einarbeiten.

2 Die Kastenform mit **Öl** einfetten, den Teig einfüllen, in den kalten Backofen (mittlere Schiene) geben, die Temperatur auf 180 °C Ober-/Unterhitze stellen und 50 Minuten backen.

3 Aus dem Ofen nehmen und abkühlen lassen. Dann das Brot aus der Form nehmen.

TIPP

Bei den Nüssen kannst du variieren, auch Haselnüsse oder Leinsamen, Chiasamen und Mandelblättchen eignen sich wunderbar. Sehr lecker zum frisch gebackenen Brot ist meine köstliche Rosenbutter (siehe Seite 32).

Kürbissuppe mit Safran

Supe Kadu Saferan

Safran ist das königlichste Gewürz der Welt. Wo Safran ins Spiel kommt, wird alles majestätisch. In Kombination mit Kürbis, erfrischender Limette und kräftigen Gewürzen lässt diese Suppe garantiert jedes Herz höherschlagen. Genieße Löffel für Löffel die pure Cremigkeit.

Zubereitungszeit
15 Minuten plus ca. 15 Minuten Garzeit

Für 4 Personen
6-7 Safranfäden
1 Zwiebel
1 Knoblauchzehe
700 g Hokkaido-Kürbis
2 EL veganer Butterersatz
500 ml Kokosmilch aus der Dose (alternativ ungesüßte pflanzliche Sahne)
Saft von 1 Limette
½ TL geriebene Muskatnuss
½ TL mildes Pul Biber (milde Chiliflocken)
Salz
schwarzer Pfeffer aus der Mühle

1. Die **Safranfäden** in ein kleines Schälchen geben, 1 EL warmes Wasser darübergießen und beiseitestellen.
2. Die **Zwiebel** schälen und klein würfeln. Die **Knoblauchzehe** schälen und fein hacken. Den **Kürbis** entkernen, waschen und in grobe Stücke schneiden.
3. Den **Butterersatz** in einem Topf erhitzen, Zwiebeln und Knoblauch darin glasig anbraten. Kürbisstücke und Safranmischung hinzufügen und anbraten, dann mit 200 ml Wasser ablöschen, aufkochen und etwa 15 Minuten köcheln lassen.
4. Sobald der Kürbis weich ist, die **Kokosmilch** hinzufügen und mit dem Stabmixer cremig pürieren. Mit **Limettensaft, Muskatnuss, Pul Biber, Salz** und **Pfeffer** abschmecken und die Suppe servieren.

TIPP

Die Suppe mit gerösteten Kürbiskernen, Croûtons (siehe Seite 52) und einem Schuss Pflanzensahne toppen.

glutenfrei, frei von raffiniertem Zucker

TIPP Dazu wird am liebsten frisches Fladenbrot serviert, gekauft oder selbst gebacken, zum Beispiel Kürbis-Naan (siehe Seite 27) oder Kartoffel-Fladenbrote (siehe Seite 60). Das Rezept funktioniert übrigens auch mit Zucchini. Auberginen müssen in viel Öl gebraten werden, so ziehen sie weniger Fett ein, auch wenn das paradox klingt. Das restliche Öl durch ein feines Sieb in ein Glas abseihen und aufbewahren – es kann noch drei- bis viermal verwendet werden.

Auberginendip mit Zwiebel-Walnuss-Minze-Topping

Kashk-e Bademjan

Das Faszinierende ist, dass ich schon so viele Leute getroffen habe, die behauptet haben, sie mögen keine Auberginen. Bis sie dieses persische Gericht probiert haben, das ich ihnen auf den Tisch gestellt habe. Auberginen schmecken erst, wenn man sie richtig zubereitet! Überzeuge dich also selbst oder mache mit diesem Gericht den nächsten Menschen zum Auberginenliebhaber!

Zubereitungszeit
25–30 Minuten plus ca. 15 Minuten Garzeit

Für 4 Personen

AUBERGINENDIP
4 Safranfäden
4 mittelgroße Auberginen
mind. 500 ml geschmacksneutrales Raps- oder Pflanzenöl
½ TL gemahlene Kurkuma
Salz
½ TL schwarzer Pfeffer aus der Mühle
1 große Zwiebel
4 Knoblauchzehen
1 EL natives Olivenöl extra
1 EL Nane (getrocknete Minze)
200 g ungesüßter pflanzlicher Joghurt Natur

TOPPING
2 EL grob gehackte Walnusskerne
1 EL Zucker
1 große Zwiebel
2–3 EL natives Olivenöl extra
1 EL Nane (getrocknete Minze)

1 Für den Auberginendip **Safran** in eine Schale geben, 80 ml Wasser zugießen, umrühren und beiseitestellen.
2 Die **Auberginen** waschen, putzen, erst längs in Viertel, dann quer in dicke Scheiben schneiden. Das **Öl** in einer großen Pfanne erhitzen und die Auberginen darin portionsweise bei mittlerer bis hoher Hitze rundum goldbraun anbraten. Auf Küchenpapier kurz abtropfen lassen, dann in einen Topf geben, mit **Kurkuma, Salz** und **Pfeffer** würzen. Das Safranwasser dazugeben und etwa 15 Minuten köcheln lassen, bis die Auberginen butterweich sind. Vom Herd nehmen und mit dem Stabmixer grob pürieren.
3 Inzwischen **Zwiebel** und **Knoblauchzehen** schälen, fein hacken und in einem Topf im **Olivenöl** glasig dünsten. Zum Auberginenmus geben, **Nane** und **Joghurt** einrühren. Mit **Salz** abschmecken, in eine Servierschale geben und abkühlen lassen.
4 Für das Topping die **Walnüsse** in einer kleinen Pfanne ohne Fett anrösten, **Zucker** darüberstreuen und karamellisieren. Die **Zwiebel** schälen, in Scheiben schneiden, in einem Topf in 1 EL **Olivenöl** goldbraun braten und auf einen Teller geben. Restliches **Olivenöl** im gleichen Topf erhitzen und die **Nane** darin kurz anrösten.
5 Den Auberginendip mit Nüssen, Zwiebeln und Nane garnieren und servieren.

glutenfrei

Würzige Maronensuppe mit Croûtons

Kestane Çorbası

Edel, würzig und cremig. Eigenschaften, die diese Maronensuppe mit sich bringt. Wenn es mal etwas Besonderes sein soll oder man sich selbst verwöhnen möchte, dann ist diese schnelle Suppe perfekt.

Zubereitungszeit
15 Minuten plus
15 Minuten Garzeit

Für 4 Personen

SUPPE
1 Zwiebel
1 Knoblauchzehe
25 g veganer Butterersatz
400 g gegarte Maronen (vakuumverpackt)
500 ml Gemüsebrühe
1 TL Sumach
½ TL Garam Masala
½ TL mildes Pul Biber (milde Chiliflocken)
1 Prise geriebene Muskatnuss
180 ml ungesüßte pflanzliche Sahne
Saft von ½ Limette
Salz
schwarzer Pfeffer aus der Mühle

TOPPING
natives Olivenöl extra zum Beträufeln (nach Belieben)
60 g Croûtons (Fertigprodukt oder siehe unten)
1 Prise mildes Pul Biber (milde Chiliflocken)
1 EL gehackte glatte Petersilie

1 Für die Suppe **Zwiebel** und **Knoblauchzehe** schälen und fein hacken. Den **Butterersatz** in einem Topf erhitzen, Zwiebeln und Knoblauch darin glasig anbraten. Die **Maronen** grob hacken und kurz mit anrösten. Mit der **Gemüsebrühe** ablöschen, die **Gewürze** einrühren und 15 Minuten bei mittlerer Hitze köcheln lassen, bis die Maronen ganz weich sind.
2 Die Mischung mit dem Stabmixer pürieren. Mit **Pflanzensahne** und **Limettensaft** verfeinern und mit **Salz** und **Pfeffer** und bei Bedarf mit den anderen **Gewürzen** abschmecken.
3 Die Suppe in tiefe Teller oder Schalen füllen, nach Belieben mit etwas **Olivenöl** beträufeln, mit **Croûtons** bestreuen und mit **Pul Biber** und gehackter **Petersilie** garnieren.

TIPP

Natürlich kann man auch frische Maronen nehmen: Die Schale der Maronen einritzen, in einen Topf geben, mit Wasser bedecken, aufkochen und je nach Größe etwa 20 Minuten gar kochen. Abgießen, schälen und wie oben angegeben weiterverarbeiten.

CROÛTONS

Diese leckeren Brotwürfel passen zu Suppen und Salaten. Man kann sie kaufen, aber sie sind schnell und einfach selbst gemacht: 2 EL veganen Butterersatz in einer Pfanne zerlassen und darin etwa 200 g in kleine Würfel geschnittenes Weißbrot bei mittlerer Hitze etwa 5 Minuten goldbraun braten, dabei gelegentlich wenden. Zum Schluss mit Salz würzen. Gern auch andere Gewürze nach Wahl verwenden, zum Beispiel Paprikapulver.

Cremiger Rotkrautsalat

Kırmızı Lahana Mezesi

Sicher gibt es Gerichte, die schöner klingen als Rotkrautsalat. Doch die Art und Weise, wie dieser Vorspeisensalat zubereitet wird, macht ihn nicht nur zu einer optischen Schönheit, sondern auch zu einem geschmacklichen Erlebnis. Du wirst Rotkraut neu für dich entdecken!

Zubereitungszeit
20 Minuten plus 15 Minuten Garzeit, Abkühlzeit und mind. 60 Minuten Kühlzeit

Für 4 Personen
1 kleiner Rotkohl
5 EL natives Olivenöl extra
1 ½ TL Salz
½ TL Zucker
2 Knoblauchzehen
400 g ungesüßter pflanzlicher Joghurt Natur
1 EL Zitronensaft
1 TL Sumach
1 TL Nane (getrocknete Minze)

1 Den **Rotkohl** waschen, den Strunk entfernen und Kohl in sehr feine Streifen schneiden oder hobeln.
2 Das **Olivenöl** in einer Pfanne erhitzen, Rotkohl, **Salz** und **Zucker** hinzugeben, den Deckel auflegen und bei niedriger bis mittlerer Hitze 15 Minuten dünsten, dabei zwischendurch umrühren, bis der Rotkohl weich ist, aber noch etwas Biss hat. Vom Herd nehmen und abkühlen lassen.
3 **Knoblauchzehen** schälen, hacken und in eine Schüssel geben. **Joghurt, Zitronensaft, Sumach** und **Nane** hinzugeben und verrühren. Den Rotkohl dazugeben und mischen. Abdecken und im Kühlschrank mindestens 60 Minuten kalt stellen. Je länger der Rotkrautsalat zieht, desto aromatischer wird sein Geschmack.

TIPP

Rotkrautsalat wird gern mit gehackten Walnüssen und frischer Minze garniert. Serviere dieses Mezze mal zu Pide-Schiffchen aus Blätterteig (siehe Seite 73), zu Tofuschnitzeln (siehe Seite 110) oder zu Linsenbratlingen (siehe Seite 122).

Knoblauch-Minze-Joghurt

Mast Nane

Pflanzlicher Joghurt liebt es, verfeinert zu werden, wie dieses orientalische Mast Nane. Joghurt mit Minze ist etwas, das ich zu fast jeder Mahlzeit zubereite und auf die verschiedensten Gerichte gebe. Reis mit Minzejoghurt – ein Traum! Kartoffeln mit Minzejoghurt – ein Gedicht! Geschmortes Gemüse mit Minzejoghurt – ein Erlebnis!

Zubereitungszeit
5 Minuten

Für 4 Personen
400 g ungesüßter pflanzlicher Joghurt Natur
2 Knoblauchzehen
Saft von ½ Zitrone
2 EL Nane (getrocknete Minze) plus etwas zum Garnieren
½ TL mildes Pul Biber (milde Chiliflocken)
1 TL Sumach
Salz
schwarzer Pfeffer aus der Mühle
Rosenblütenblätter
einige frische Minzeblätter

1. Den **Joghurt** in eine Schüssel geben. Die **Knoblauchzehen** schälen, in die Joghurtschüssel pressen, einrühren und mit **Zitronensaft, Gewürzen, Salz** und **Pfeffer** abschmecken.
2. Der Dip kann sofort gegessen werden, aber noch besser schmeckt er, wenn er einige Minuten im Kühlschrank kalt gestellt wird.
3. Um ein schönes Farbenspiel zu erzielen, mit **Rosenblättern** und frischer **Minze** dekorieren.

TIPP

Der leckere Knoblauch-Minze-Joghurt passt zu vielen Gerichten im Buch, zum Beispiel zu knusprigen Kohlrabiwürfeln (siehe Seite 94), Frühlingszwiebeln im Teigmantel (siehe Seite 81), orientalischem Ofengemüse (siehe Seite 90) oder Pilz-Grillspießen (siehe Seite 109). Ich selbst mag ihn auch sehr zu meinem türkischen Pilav (siehe Seite 105).

JOGHURT-TIPP

Eine der häufigsten Fragen, die mir in den vergangenen Jahren gestellt wurde, ist, wie man den perfekten veganen Joghurt findet. Ganz wichtig ist, dass du zu einem pflanzlichen Joghurt greifst, der keinen Zucker enthält. Manchmal steht „Natur" auf der Packung, aber das Produkt ist gesüßt. Dann gibt es die ungesüßte Natur-Variante, die schmeckt, wie Joghurt schmecken sollte.

GETROCKNETE MINZE – NANE

Dieses für die orientalische Küche essenzielle Gewürz gibt es in arabischen und türkischen Lebensmittelläden zu kaufen. Man sollte es nicht durch irgendwelche getrockneten Minzeblätter ersetzen.

glutenfrei, frei von raffiniertem Zucker

TIPP Du kannst Hummus als Dip zu rohen Gemüsestiften oder -streifen (Karotten, Paprika, Gurke, Frühlingszwiebeln etc.) servieren oder zu Brot jeder Art. Außerdem passt er super zu den leckeren Pilz-Grillspießen (siehe Seite 109), zur Döner-Bowl (siehe Seite 86) oder zu den knusprigen Kohlrabiwürfeln (siehe Seite 94). Je länger der Hummus im Kühlschrank steht, desto besser schmeckt er. Ich lasse ihn mindestens 2 Stunden ziehen oder bereite ihn gern schon am Vorabend zu.

Kichererbsenmus

Hummus

Hummus ist eines der bekanntesten Mezze der Welt. Hier zeige ich dir, wie ein Basic-Rezept funktioniert. Das Schöne ist, dass du dich damit austoben kannst. Hast du Lust auf Paprika-Hummus? Dann gib geröstete Paprika in deinen Mixer und mixe alles zu einer homogenen Masse. Dir ist doch eher nach einem Kräuter-Hummus? Dann probiere ihn doch mal mit Bärlauch oder Petersilie.

Zubereitungszeit
10 Minuten

Für 4 Personen

HUMMUS
450 g Kichererbsen aus dem Glas
3 Knoblauchzehen
Saft von 1 Zitrone
50 g Tahin (Sesammus)
2 EL gemahlener Kreuzkümmel (Kimyon)
½ TL mildes Pul Biber (milde Chiliflocken)
1 TL Nane (getrocknete Minze)
Salz
schwarzer Pfeffer aus der Mühle
2 EL natives Olivenöl extra (nach Belieben)

ZUM GARNIEREN
natives Olivenöl extra
2 Prisen edelsüßes Paprikapulver
1 EL fein gehackte glatte Petersilie
1 EL geröstete Pinienkerne (nach Belieben)

1. Für den Hummus die **Kichererbsen** in ein Sieb abgießen, kalt abbrausen und abtropfen lassen. Einige Kichererbsen zum Garnieren beiseitelegen, den Rest in den Standmixer geben.
2. Die **Knoblauchzehen** schälen und dazugeben. **Zitronensaft, Tahin, Gewürze,** etwas **Salz** und **Pfeffer** hinzufügen und fein pürieren. (Alternativ mit dem Stabmixer pürieren.) Bei Bedarf etwas kaltes Wasser hinzufügen und nach Belieben **Olivenöl** einrühren, damit das Mus noch cremiger wird.
3. Hummus in eine Schale füllen. Mit **Olivenöl, Paprikapulver, Petersilie** und nach Belieben **Pinienkernen** garnieren.

HUMMUS-VARIANTEN

Kräuter-Hummus: Ein kleines Bund glatte Petersilie (30 g) oder ein Bund Bärlauch waschen, trocken schütteln, grob klein schneiden, mit in den Standmixer geben und pürieren.
Paprika-Hummus: Drei bis vier abgetropfte geröstete Paprikastücke aus dem Glas (oder frisch geröstete, abgekühlte Paprika) grob klein schneiden, mit in den Standmixer geben und pürieren.

GEMAHLENER KREUZKÜMMEL – KIMYON

Ein Gewürz, auf das man im Orient nicht verzichten könnte. Und für Hummus braucht man viel davon! Du bekommst gemahlenen Kreuzkümmel als Kimyon in guter Qualität und günstig in türkischen oder arabischen Lebensmittelläden. In Supermärkten wird er auch als Cumin angeboten.

glutenfrei, frei von raffiniertem Zucker

Kartoffel-Fladenbrot ohne Hefe

Kacalu Naan

Eines meiner Lieblingsrezepte, wenn Kartoffeln vom Vortag übrig sind, und oft koche ich einfach bewusst mehr Kartoffeln, damit ich am nächsten Tag schnell etwas Leckeres damit zubereiten kann.

Zubereitungszeit
ca. 30 Minuten

Ergibt 8 kleine Fladen

TEIG

1 Frühlingszwiebel (alternativ 1 EL fein gehackte Kräuter nach Wahl)
4 gekochte Kartoffeln
130 g Weizenmehl Type 405
1 gehäufter EL Speisestärke
1 TL Backpulver
2 TL Naan-Gewürz (Brotgewürz)
1 TL Batata-Gewürz von Serayi (orientalisches Kartoffelgewürz)
3 EL natives Olivenöl extra

ZUM BESTREICHEN UND BESTREUEN (nach Belieben)

veganer Butterersatz
Sesamsaat
fein gehackte Petersilie

1 Für den Teig die **Frühlingszwiebel** putzen, waschen und fein hacken. Mit allen anderen **Zutaten** in eine große Schüssel geben, mischen und mit den Händen zu einem glatten Teig kneten. Dann aus dem Teig acht Kugeln (à etwa 70 g) formen.

2 Die Teigkugeln nacheinander zwischen zwei Lagen Backpapier geben, mit der Hand flach drücken und mit dem Nudelholz zu dünnen Ovalen ausrollen.

3 Zwei große Pfannen erhitzen, dann jeweils drei Teigfladen hineingeben und bei mittlerer bis hoher Hitze ohne Fett von beiden Seiten jeweils etwa 3–5 Minuten goldbraun backen.

4 Die Fladenbrote nach Belieben mit **Butterersatz** bestreichen und/oder mit **Sesam** oder **Kräutern** bestreuen.

TIPP

Diese schnellen Fladenbrote passen zu Curry-Gerichten, sodass du sie in die Sauce tauchen kannst. Der Geschmack ist unglaublich! Serviere sie auch mal zu meinen gebratenen Oliven (siehe Seite 23). Ich verwende einen großen elektrischen Fladenbäcker, auf dem ich mehrere Teigfladen schnell backen kann. Aber wenn keiner verfügbar ist, behilft man sich auch im Orient mit zwei oder gleich drei Pfannen, um die Fladen schnell zu backen, sodass niemand lange warten muss. Falls du eine große Grillplatte hast, ist auch diese wunderbar geeignet.

Hauptgerichte

Orientalische Hauptgerichte sind das Herzstück nahöstlicher und nordafrikanischer Küche. Reich an Aromen und Zutaten, spiegeln sie kulturelle Vielfalt und Geschichte wider. Diese Speisen vereinen jahrhundertealte Traditionen und Einflüsse verschiedener Kulturen.

Buntes Gemüse im Schmortopf

Tajine

Nordafrikanische Tajine-Gerichte werden nicht mit Besteck gegessen, sondern mit Fladenbrot, das dazu dient, Gemüse und Sauce aufzunehmen. Das Schmorgericht wird auf offenem Feuer zubereitet. Wenn die Möglichkeit nicht besteht, kann statt offenem Feuer der Backofen verwendet werden. Am liebsten genießt man das Tajine-Ritual an einem Freitag.

Zubereitungszeit
25 Minuten plus
60 Minuten Backzeit

Für 4 Personen
7 getrocknete Aprikosen
1 Süßkartoffel
3 Karotten
1 Zucchini
1 Zwiebel
2 Knoblauchzehen
250 g Kichererbsen aus dem Glas
4 EL natives Olivenöl extra
3 Safranfäden
1 TL Garam Masala
1 TL geräuchertes Paprikapulver
1 TL mildes Pul Biber
(milde Chiliflocken)
1 TL Nane (getrocknete Minze)
400 g stückige Tomaten
aus der Dose
1 TL Tomatenmark
1 TL Paprikamark
Saft von ½ Zitrone
200 ml heiße Gemüsebrühe
60 g Mandelblättchen
3-4 Stängel glatte Petersilie

AUSSERDEM
ofenfester Schmortopf
(oder Tajine-Gefäß aus Ton)

1. Die **Aprikosen** in eine Schüssel geben, mit heißem Wasser übergießen und bis zur Verwendung einweichen.
2. Den Backofen auf 180 °C Ober-/Unterhitze vorheizen.
3. Die **Süßkartoffel** schälen und in etwa 2 cm große Würfel schneiden. **Karotten** und **Zucchini** schälen, längs vierteln und schräg in 3–4 cm lange Stücke schneiden. **Zwiebel** schälen, halbieren und fein würfeln. **Knoblauchzehen** schälen und fein hacken. **Kichererbsen** und Aprikosen abtropfen lassen.
4. Einen großen ofenfesten Schmortopf (oder Tajine) erhitzen und **Olivenöl** hineingeben. Zwiebeln und Knoblauch dazugeben und bei niedriger Hitze 3–4 Minuten dünsten. **Safran, Gewürze, Tomatenstücke** samt **Saft, Tomatenmark** und **Paprikamark** einrühren, dann Kichererbsen und Aprikosen untermischen. Das Gemüse sternförmig darauf platzieren, **Zitronensaft** und **Gemüsebrühe** angießen. Den Deckel auflegen, in den vorgeheizten Ofen (mittlere Schiene) geben und 60 Minuten garen.
5. In der Zwischenzeit die **Mandelblättchen** in einer Pfanne ohne Fett anrösten. Die **Petersilie** abbrausen, trocken schütteln und fein hacken.
6. Den Schmortopf aus dem Ofen nehmen und die Tajine mit Mandelblättchen und Petersilie garniert servieren.

TIPP

Zu diesem Gericht reichst du am besten in Stücke geschnittenes Fladenbrot.

glutenfrei, frei von raffiniertem Zucker

Rote-Linsen-Bällchen in Kokossauce

Mansoor Daal

Linsenbällchen in Sauce auf einem leckeren Kartoffelpüree oder mit Reis serviert, gehören zu meinen absoluten Lieblingsgerichten. Egal, ob rote oder gelbe Linsen, Kichererbsen oder weiße Bohnen – Hülsenfrüchte können mehr, als man denkt.

Zubereitungszeit
30 Minuten plus evtl. 10 Minuten Ruhezeit und 5 Minuten Garzeit

Für 4 Personen

LINSENBÄLLCHEN
200 g rote Linsen
1 Zwiebel
2 Knoblauchzehen
½ Bund glatte Petersilie
1 TL Tomatenmark
3 EL Paniermehl (Semmelbrösel)
1 EL Speisestärke
2 EL Rapsöl
1 TL Garam Masala
½ TL gemahlener Kreuzkümmel (Kimyon)
1 TL Salz

KOKOSSAUCE
2 Zwiebeln
3 Knoblauchzehen
1 EL Kokosöl
400 ml Kokosmilch aus der Dose (alternativ ungesüßte pflanzliche Sahne)
100 g passierte Tomaten
1 TL Garam Masala
½ TL mildes Pul Biber (milde Chiliflocken)
½ TL Currypulver
Saft von ½ Limette

1 Den Backofen auf 180 °C Ober-/Unterhitze vorheizen.
2 Für die Linsenbällchen die **Linsen** in ein Sieb geben, unter fließendem Wasser abbrausen, in einen Topf geben und mit Wasser nach Packungsanweisung etwa 7 Minuten kochen.
3 In der Zwischenzeit **Zwiebel** und **Knoblauchzehen** schälen, grob in Stücke schneiden und in den Standmixer geben. Die **Petersilie** waschen, trocken schütteln und grob hacken, etwas davon zum Garnieren beiseitestellen, den Rest ebenfalls in den Mixer geben. **Tomatenmark, Paniermehl, Speisestärke, Rapsöl** und **Gewürze** hinzufügen. Die gekochten Linsen in ein Sieb abgießen, ebenfalls dazugeben und pürieren – nicht zu fein pürieren, die Masse soll feinstückig sein. Wenn noch Zeit ist, 10 Minuten im Kühlschrank ruhen lassen.
4 Aus der Linsenmasse mit angefeuchteten Händen etwa zwölf Kugeln formen. Auf einem mit Backpapier ausgelegten Backblech verteilen und im vorgeheizten Ofen (mittlere Schiene) 15 Minuten goldbraun backen.
5 In der Zwischenzeit für die Kokossauce **Zwiebeln** und **Knoblauchzehen** schälen und fein hacken. Das **Kokosöl** in einer Pfanne erhitzen, Zwiebeln und Knoblauch darin glasig dünsten.
6 Mit **Kokosmilch** ablöschen, die **Tomaten** dazugeben und 5 Minuten köcheln lassen. Die **Gewürze** einrühren, mit dem **Limettensaft** abschmecken und in eine Servierschüssel füllen.
7 Die gebackenen Linsenbällchen vorsichtig in die Kokossauce legen, mit der beiseitegelegten gehackten Petersilie garnieren und servieren.

TIPP Als Garnierung passt statt Petersilie gehackter Koriander sehr gut. Man kann die Linsenmasse auch am Vorabend zubereiten, über Nacht im Kühlschrank durchziehen lassen und am nächsten Tag weiterverarbeiten. So entfaltet sich der Geschmack noch intensiver.

TIPP Am besten mit Kürbis-Naan (siehe Seite 27), Blitz-Pfannenbroten (siehe Seite 31) oder meinem Pilav (siehe Seite 105) servieren. Und wenn es schnell gehen muss, ist gekauftes Fladenbrot immer eine gute Wahl.

„Chicken“ in cremiger Tomatensauce

Murgh Makhani – Indian Butter Chicken

Es gibt wirklich kaum etwas Besseres als veganes Butter Chicken, das in Indien und Pakistan zu den beliebtesten Gerichten zählt. Tauche dein Fladen- oder Pfannenbrot in dieses unglaublich köstliche Gericht und genieße das Zusammenspiel von Würze, cremiger Konsistenz und purem Geschmack.

Zubereitungszeit
30 Minuten plus mind. 20 Minuten Marinierzeit

Für 4 Personen

„CHICKEN“
500 g Tofu
100 g ungesüßter pflanzlicher Joghurt Natur
2 EL natives Olivenöl extra
1 EL Zitronensaft
1 TL Garam Masala
1 ½ TL edelsüßes Paprikapulver
Salz
schwarzer Pfeffer aus der Mühle

TOMATENSAUCE
2 Zwiebeln
10 g Ingwer
3 EL natives Olivenöl extra
2 Knoblauchzehen
1 Dose passierte Tomaten
2 geschälte Tomaten aus der Dose
50 g Cashewkerne
1 TL Garam Masala
½ TL brauner Zucker
Salz
schwarzer Pfeffer aus der Mühle
350 ml ungesüßte pflanzliche Sahne plus etwas zum Garnieren
50 g veganer Butterersatz
1 EL frisch gehackte Kräuter nach Wahl

1 Für das „Chicken“ den **Tofu** mit den Händen in kleine würfelähnliche Stücke zerkleinern, damit natürliche Formen entstehen. **Joghurt,** 1 EL **Olivenöl, Zitronensaft, Gewürze,** etwas **Salz** und **Pfeffer** zu einer Marinade verrühren, Tofu untermischen und abgedeckt mindestens 20 Minuten ziehen lassen (am besten über Nacht).

2 Inzwischen für die Tomatensauce die **Zwiebeln** schälen und hacken. Den **Ingwer** schälen und ebenfalls hacken. Das **Olivenöl** in einem Topf erhitzen, Zwiebeln und Ingwer darin glasig dünsten. Die **Knoblauchzehen** schälen und hineinpressen.

3 Mit den **passierten Tomaten** ablöschen, **geschälte** Tomaten dazugeben und zerdrücken. **Cashewkerne, Garam Masala, Zucker,** etwas **Salz** und **Pfeffer** hinzugeben und kurz mitdünsten. Die Saucenmischung mit dem Stabmixer pürieren und durch ein feines Sieb streichen – so erhält man eine unglaublich cremige Konsistenz. Die Sauce wieder in den Topf geben. Die **Sahne** einrühren, bei Bedarf etwas Wasser (bis etwa 80 ml) angießen und noch 4–5 Minuten köcheln. Den **Butterersatz** hinzufügen und schmelzen lassen.

4 In der Zwischenzeit das restliche **Olivenöl** in einer Pfanne erhitzen, die marinierten Tofustücke darin 5–6 Minuten rundum goldbraun anbraten und vom Herd nehmen.

5 Den gebratenen Tofu in die Tomatensauce geben, mit den verwendeten **Gewürzen** abschmecken und auf Teller verteilen. Mit gehackten **Kräutern** bestreuen und mit einigen Klecksen **Sahne** garnieren.

glutenfrei

Kartoffelpuffer mit Mango-Dip

Aloo Tikki

Diese nordindischen Kartoffelpuffer werden in meinem Rezept mit einem süßen Mango-Dip serviert. Du kannst stattdessen auch Apfelmus, einen herzhaften veganen Minzjoghurt (siehe Seite 56) oder veganen Kräuterquark (siehe Tipp) nehmen. Genieße die würzigen Aloo Tikki auf welche Art auch immer.

Zubereitungszeit
ca. 30 Minuten

Für 4 Personen
(ergibt ca. 12 Puffer)

PUFFER

1 kg festkochende Kartoffeln
2 Zwiebeln
100 g Weizenmehl Type 405
50 g Speisestärke
1 TL Sumach
1 TL Batata-Gewürz von Serayi (orientalisches Kartoffelgewürz)
1 TL Nane (getrocknete Minze)
1 TL Garam Masala
Salz
schwarzer Pfeffer aus der Mühle
3 EL natives Olivenöl extra
1 EL veganer Butterersatz

MANGO-DIP

1 Mango
150 g veganer Frischkäse
1 TL Pul Biber (milde Chiliflocken)
Salz
schwarzer Pfeffer aus der Mühle

1 Für die Puffer **Kartoffeln** und **Zwiebeln** schälen, in der Küchenmaschine raspeln, auf ein Küchentuch geben und mithilfe des Tuchs gut ausdrücken, sodass möglichst viel Flüssigkeit austritt.
2 Die Mischung in eine große Schüssel geben, **Mehl, Stärke, Sumach, Batata-Gewürz, Nane** und **Garam Masala** mit etwas **Salz** und **Pfeffer** dazugeben, vermengen und mit den Händen durchkneten. Aus der Masse etwa zwölf Kugeln formen und flach drücken.
3 **Olivenöl** und **Butterersatz** in einer großen Pfanne erhitzen und die Puffer darin portionsweise von beiden Seiten jeweils 4–5 Minuten goldbraun brutzeln.
4 Währenddessen für den Dip die **Mango** schälen, das Fruchtfleisch in Stücken vom Stein schneiden, in einen Mixbecher geben und mit dem Stabmixer pürieren. In eine Schüssel füllen, **Frischkäse, Pul Biber,** etwas **Salz** und **Pfeffer** hinzufügen und gut verrühren.
5 Die Puffer mit dem Mango-Dip servieren.

TIPP

Du magst es lieber herzhaft? Für einen leckeren Kräuterquark veganen Quark mit frisch gehackten Kräutern nach Wahl (zum Beispiel Petersilie, Dill, Koriander, Basilikum oder Thymian) vermengen und mit Salz und Pfeffer würzen.

TIPP Dazu passt Shirazi-Salat (siehe Seite 35), Salatati (siehe Seite 36) oder cremiger Rotkrautsalat (siehe Seite 55). Traditionell werden Pide aus Hefeteig zubereitet, aber diese Variante ist für den Fall, dass es mal schnell gehen muss.

Pide-Schiffchen aus Blätterteig

Küçük Pide

Die schnellste Pide der Welt! Du kannst deine Pide nach Belieben füllen, mit allem, wonach dein Herz sich sehnt. Varianten 1 und 2 sind traditionelle Zubereitungen, Variante 3 besonders beliebt zum Frühstück. So kannst du dich inspirieren lassen und bunt austoben.

Zubereitungszeit
(je nach Füllung) 10–20 Minuten plus 10–15 Minuten Backzeit

Für 4 Personen (ergibt 12 Stück)

FÜLLUNG VARIANTE 1
250 g veganer Hirtenkäse
4–5 Stängel glatte Petersilie

FÜLLUNG VARIANTE 2
1 Zwiebel (60 g)
250 g Champignons
1 EL natives Olivenöl extra
1 TL Tomatenmark
½ TL mildes Pul Biber (milde Chiliflocken)
Salz
schwarzer Pfeffer aus der Mühle

FÜLLUNG VARIANTE 3
1 Knoblauchzehe
3 in Öl eingelegte getrocknete Tomaten
1 grüne Spitzpaprika
250 g veganer Frischkäse
3 EL Maiskörner aus der Dose
Salz
schwarzer Pfeffer aus der Mühle

TEIG
450 g TK-Blätterteig (in Scheiben), aufgetaut
1 EL geschmolzener veganer Butterersatz (nach Belieben)
1 TL Schwarzkümmelsaat
1 TL Sesamsaat

1 Den Backofen auf 180 °C Ober-/Unterhitze vorheizen.
2 Zunächst eine Füllung aussuchen und vorbereiten (jede Füllung ist für zwölf Schiffchen berechnet). Für Variante 1 den **Hirtenkäse** klein zerbröseln. Die **Petersilie** abbrausen, trocken schütteln, hacken und unter den Käse mischen.
3 Für Variante 2 die **Zwiebel** schälen und fein hacken. Die **Champignons** putzen und in ganz kleine Würfel schneiden. Das **Olivenöl** in einer Pfanne erhitzen, die Zwiebeln darin glasig anbraten, Champignons hinzufügen und mitbraten. Dann **Tomatenmark** einrühren, mit **Pul Biber, Salz** und **Pfeffer** abschmecken und abkühlen lassen.
4 Für Variante 3 die **Knoblauchzehe** schälen und fein hacken. Die **Tomaten** klein schneiden. Die **Paprika** waschen, entkernen und in Ringe schneiden. Alles in eine Schüssel geben, mit **Frischkäse** und **Mais** vermischen und mit **Salz** und **Pfeffer** würzen.
5 Die aufgetauten **Blätterteigscheiben** auf der Arbeitsfläche etwas ausrollen und in zwölf gleich große Rechtecke schneiden.
6 Je 1–2 EL Füllung mittig als Streifen auf die Teigrechtecke geben, dann die kurzen Enden zusammendrücken, sodass kleine Schiffchen entstehen. Nach Belieben für eine noch schönere Farbe den Teig mit **Butterersatz** bestreichen. Auf ein mit Backpapier ausgelegtes Backblech legen, mit **Schwarzkümmel** und **Sesam** bestreuen, in den vorgeheizten Ofen geben und 10–15 Minuten goldbraun backen.
7 Herausnehmen und heiß genießen.

Knusprige Kartoffelstäbchen

Batata

Die knusprigsten Kartoffelstäbchen, die es gibt! Seit meiner Kindheit liebe ich Kartoffeln, die im arabischen Raum meist Batata genannt werden, in allen Variationen. Und diese Stäbchen sind eine der leckersten Varianten, die ich kenne.

Zubereitungszeit
30 Minuten plus ca. 10 Minuten Garzeit

Für 4 Personen
800 g mehligkochende Kartoffeln
Salz
150 g Speisestärke
2 EL Batata-Gewürz von Serayi (orientalisches Kartoffelgewürz)
2 TL edelsüßes Paprikapulver
schwarzer Pfeffer aus der Mühle
mind. 1 l Pflanzenöl

1 Die **Kartoffeln** schälen, in kleine Würfel schneiden, in einen Topf geben, knapp mit Wasser bedecken und aufkochen. **Salzen** und etwa 10 Minuten weich garen.

2 Abgießen, in eine Schüssel geben und die Kartoffeln mit einem Kartoffelstampfer zerdrücken. **Speisestärke, Batata-Gewürz** und **Paprikapulver** hinzugeben, gut vermischen und mit **Salz** und **Pfeffer** abschmecken. Die Masse auf einen Bogen Backpapier geben, mit einem weiteren Bogen Backpapier bedecken und mit dem Nudelholz etwa 3 mm dick ausrollen. Das obere Backpapier abziehen, die Kartoffelschicht mit einem Messer ein- oder zweimal längs durchschneiden und waagerecht in etwa 2 × 10 cm große Streifen schneiden.

3 Inzwischen das **Pflanzenöl** in einer Pfanne erhitzen. Zur Probe ein Kartoffelstäbchen hineingeben – wenn das Öl sprudelt und sich sofort Bläschen bilden, ist die Öltemperatur richtig. Die Kartoffelsticks portionsweise im heißen Öl knusprig frittieren und abschließend nach Geschmack würzen.

TIPP

Die Kartoffelstäbchen am besten mit einem Dip oder Mezze servieren, zum Beispiel pikanter Käsecreme (siehe Seite 23), Knoblauch-Joghurt (siehe Seite 20) oder Joghurtdressing (doppelte Menge; siehe Seite 44). Alle Gewürze findest du in meinem orientalischen Onlineshop. Statt der Batata-Gewürzmischung kannst du ein anderes rauchiges Gewürz deiner Wahl verwenden.

glutenfrei, frei von raffiniertem Zucker

TIPP Seitanmehl bekommst du (oft als Seitan-Fix) in Bioläden oder in meinem orientalischen Onlineshop.

Bohnenbällchen auf Zitronen-Oliven-Reisnudeln

Limon Şehriyeli Köfte

Viele Menschen denken, dass der Kauf von Fleischersatzprodukten, die ellenlange Zutatenlisten haben, notwendig ist, um vegane Bratlinge zu machen, aber dieses Rezept beweist das Gegenteil. Ich habe mich bewusst für Seitanmehl (Weizengluten) entschieden, um zu zeigen, wie einfach es ist, zu Hause alles selbst zu machen, mit Zutaten, die man selbst auswählt. Außerdem ist Seitan eine unglaublich tolle Proteinquelle.

Zubereitungszeit
30 Minuten

Für 4 Personen

BOHNENBÄLLCHEN
4 EL geschrotete Leinsamen
3 Knoblauchzehen
½ Bund glatte Petersilie
80 g Haferflocken
1 EL Hefeflocken
300 g weiße Bohnen aus dem Glas, abgetropft
25 g getrockneter Thymian
1 TL geräuchertes Paprikapulver
1 TL gemahlener Kreuzkümmel (Kimyon)
80 g Seitanmehl (Seitan-Fix)
Salz
schwarzer Pfeffer aus der Mühle
3 EL natives Olivenöl extra

ZITRONEN-OLIVEN-REISNUDELN
Salz
200 g Reisnudeln (Arpa Şehriye oder Kritharaki bzw. Orzo)
15 entsteinte schwarze Oliven
½ TL fein abgeriebene Biozitronenschale
4 EL Zitronensaft
2 EL natives Olivenöl extra
schwarzer Pfeffer aus der Mühle

1. Für die Bohnenbällchen die **Leinsamen** in eine Schale geben, 8 EL Wasser darüberträufeln und 5 Minuten quellen lassen.
2. Inzwischen die **Knoblauchzehen** schälen und grob hacken. **Petersilie** waschen, trocken schütteln, zwei Stängel beiseitelegen und den Rest ebenfalls grob hacken. Knoblauch und Petersilie mit **Haferflocken, Hefeflocken, Bohnen, Gewürzen** und eingeweichten Leinsamen im Standmixer oder im Blitzhacker kurz stückig hacken. In eine Schüssel geben, **Seitanmehl,** etwas **Salz** und **Pfeffer** zugeben und mit der Hand einkneten. Aus der Masse mit angefeuchteten Händen 16 gleich große Bällchen formen, auf einen Teller geben und kurz ruhen lassen.
3. Für die Zitronen-Oliven-Reisnudeln 1 Liter Wasser in einem Topf aufkochen, **salzen,** die **Reisnudeln** hinzufügen und etwa 8 Minuten kochen. In ein Sieb abgießen und die Reisnudeln zurück in den Topf geben.
4. Parallel dazu das **Olivenöl** für die Bohnenbällchen in einer Pfanne erhitzen und die Bällchen darin bei mittlerer Hitze etwa 8 Minuten rundum goldbraun anbraten. Mit 100 ml Wasser ablöschen, den Deckel auflegen und bei niedriger Hitze etwa 5 Minuten dämpfen, bis sie gar sind.
5. **Oliven** je nach Größe vierteln oder achteln und mit **Zitronenschale, Zitronensaft** und **Olivenöl** zu den Reisnudeln geben. Vermengen und mit **Salz** und **Pfeffer** abschmecken.
6. Die beiseitegelegte Petersilie fein hacken. Zitronen-Oliven-Reisnudeln auf Teller geben, die Bohnenbällchen darauf anrichten und die Petersilie darüberstreuen.

Blitzschnelle würzige Bulgur-Frikadellen

Çiğ Köfte

So isst du Çiğ Köfte richtig: Wickle deine Portion in ein Salatblatt und beträufle sie mit Zitronensaft und Granatapfelkonzentrat. Lecker! Eigentlich ist Çiğ Köfte ein Rezept, das viel Kneten erfordert und entsprechend viel Zeit in Anspruch nimmt. Doch mit diesem Blitzrezept wirst du Çiğ Köfte auf die schnellste und leckerste Art genießen können.

Zubereitungszeit
20 Minuten

Für 4 Personen (ergibt ca. 30 Stück)

ÇIĞ KÖFTE
200 g feiner Bulgur
1 kleine Zwiebel
1 Knoblauchzehe
1 EL Tomatenmark
1 EL Paprikamark
4 EL Granatapfelkonzentrat (Nar ekşisi), nach Bedarf etwas mehr
80 ml natives Olivenöl extra
1 EL Isot-Chili (Urfa Biber)
1 TL Sumach
1 TL Nane (getrocknete Minze)
1 TL mildes Pul Biber (milde Chiliflocken)
1 TL gemahlener Kreuzkümmel (Kimyon)
Saft von 1 Zitrone, nach Bedarf etwas mehr

ZUM SERVIEREN
reichlich Salatblätter
Zitronenspalten zum Beträufeln

1 Für die Çiğ Köfte den feinen **Bulgur** in eine Schüssel geben, mit 180 ml kochendem Wasser übergießen und abgedeckt 5 Minuten ziehen lassen.
2 In der Zwischenzeit **Zwiebel** und **Knoblauchzehe** schälen und fein hacken.
3 Alle anderen **Zutaten** in einer Schale mischen, mit Zwiebeln und Knoblauch zum Bulgur geben und gut vermengen. Dann mit dem Stabmixer 5 Minuten pürieren (traditionell würde man die Masse sehr lange mit der Hand kneten, aber dank des Stabmixers kann man sich diesen Schritt sparen).
4 Wenn die perfekte weiche Konsistenz erreicht ist, mit den verwendeten **Gewürzen** abschmecken und zwischen Fingern und Handfläche etwa 30 Çiğ Köfte formen, sodass sich die Fingerzwischenräume abdrücken und die Çiğ Köfte ihre typische Form bekommen. Sollte der Teig zu trocken sein, noch etwas **Granatapfelkonzentrat** oder **Zitronensaft** einkneten.
5 Eine Servierplatte mit **Salatblättern** auslegen, die Çiğ Köfte darauf anrichten und mit einigen **Zitronenspalten** zum Beträufeln garnieren.

TIPP

Du kannst die Çiğ Köfte statt in Salat natürlich auch in einen Wrap füllen. Was wirklich gute Çiğ Köfte ausmacht, ist die Qualität des Granatapfelkonzentrats. Viele Supermärkte bieten Granatapfelsirup an, der nur aus Aromen, Konservierungsstoffen und Farbstoffen besteht. Das Granatapfelkonzentrat aus meinem Shop besteht zu 100 Prozent aus Granatapfel. Entscheide dich für Qualität!

ISOT-CHILI Isot-Chili (Urfa Biber genannt) wird aus reifen Chilis hergestellt, die leicht fermentiert werden und dadurch die dunkle Farbe bekommen. Der Geschmack ist leicht fruchtig-rauchig und hat eine milde bis mittlere Schärfe.

Knusprig gebackene Frühlingszwiebeln im Teigmantel

Citir sogan

In der Türkei sagt man „çıtır, çıtır", wenn etwas besonders knusprig ist. Und ein Biss in diese Frühlingszwiebeln zeigt, was Frühlingszwiebeln mit der richtigen Panade alles können!

Zubereitungszeit
20 Minuten plus
30 Minuten Backzeit

Für 4 Personen
120 g Weizenmehl Type 405
200 ml kohlensäurehaltiges Mineralwasser
1 TL mildes Pul Biber (milde Chiliflocken)
1 TL Batata-Gewürz von Serayi (orientalisches Kartoffelgewürz)
1 TL geräuchertes Paprikapulver
150 g Panko (alternativ Semmelbrösel oder Haferflocken)
5 Bund Frühlingszwiebeln

1 Den Backofen auf 180 °C Ober-/Unterhitze vorheizen.
2 **Mehl**, **Mineralwasser** und **Gewürze** in eine Schüssel geben und mit einem Schneebesen verrühren. Das **Panko** auf einen Teller streuen.
3 **Frühlingszwiebeln** putzen, waschen und quer halbieren oder dritteln. Dann in die Mehlmischung tauchen und anschließend im Panko wälzen. Auf ein mit Backpapier ausgelegtes Backblech legen, in den vorgeheizten Ofen (mittlere Schiene) schieben und 30 Minuten goldbraun backen.

TIPP

Mit einem Dip nach Wahl servieren, zum Beispiel mit Knoblauch-Joghurt (siehe Seite 20) oder Knoblauch-Minze-Joghurt (siehe Seite 56). Die Frühlingszwiebeln passen auch sehr gut zu den marinierten Pilz-Grillspießen (siehe Seite 109). Wenn es noch schneller gehen soll, kann man die panierten Frühlingszwiebeln auch in Pflanzenöl goldbraun frittieren.

Braune-Linsen-Daal

Lensa Daal

Dieses indische Rezept zeigt, wie einfach, schnell und lecker ein vollwertiges Daal zubereitet werden kann. Es ist ein Grundrezept, das du nach Belieben abwandeln kannst. Hier habe ich braune Linsen verwendet, aber gelbe, schwarze oder rote Linsen eignen sich ebenfalls. Auch Gemüse kann nach Belieben hinzugefügt werden, zum Beispiel Spinat. Am besten mit Reis, den man während der Zubereitung kocht, oder mit Kürbis-Naan (siehe Seite 27) servieren.

Zubereitungszeit
10–15 Minuten plus
5 Minuten Garzeit

Für 4 Personen
1 rote Zwiebel
2 Knoblauchzehen
2-3-cm-Stück Ingwer
1 EL Kokosöl
300 g braune Linsen aus der Dose
450 g gehackte Tomaten aus der Dose
1 Dose Kokosmilch
1 TL Garam Masala
1 TL Currypulver
1 TL gemahlener Kreuzkümmel (Kimyon)
½ TL Pul Biber (milde Chilflocken)
Salz
schwarzer Pfeffer aus der Mühle
3–4 Stängel Koriander oder Petersilie

1. **Zwiebel** und **Knoblauchzehen** schälen und fein hacken. **Ingwer** schälen und fein reiben. **Kokosöl** in einem Topf erhitzen, Zwiebeln, Knoblauch und Ingwer darin glasig dünsten.
2. Inzwischen die **Linsen** in ein Sieb abgießen, abbrausen und abtropfen lassen. Dann mit **Tomaten, Kokosmilch, Gewürzen,** etwas **Salz** und **Pfeffer** in den Topf geben. Den Deckel auflegen und 5 Minuten köcheln lassen. Mit **Salz** und **Pfeffer** abschmecken.
3. **Koriander** abbrausen, trocken schütteln und hacken. Das Daal auf Teller verteilen, mit dem Koriander garnieren und genießen.

TIPP

Dazu am besten Fladenbrot reichen, zum Beispiel meine Kartoffel-Fladenbrote (siehe Seite 60). Wer keine Linsen aus der Dose verwenden möchte, legt getrocknete Linsen über Nacht in warmes Wasser. Am nächsten Tag nach Packungsangaben in Wasser etwa 20 Minuten gar kochen, abgießen und wie oben angegeben weiterverarbeiten.

glutenfrei, frei von raffiniertem Zucker

Nudeln mit Zitronen-Tahin-Chilisauce

Limu Makaruni

Die Frische der zitronigen Nudeln, die Cremigkeit der Tahinsauce und die milde Schärfe der Chiliflocken ergeben ein unglaublich cremiges Geschmackserlebnis. Wenn es schnell gehen muss und lecker schmecken soll: Nudeln mit Zitronen-Tahin-Chilisauce sind die Antwort darauf!

Zubereitungszeit
15 Minuten

Für 4 Personen

ZITRONEN-TAHIN-CHILISAUCE
1 Knoblauchzehe
1 Biozitrone
3 EL natives Olivenöl extra
1 EL Biogemüsebrühepulver (ohne Zusätze)
250 ml ungesüßte pflanzliche Sahne
3 EL Hefeflocken
3 EL Tahin (Sesammus; alternativ Mandelmus)
1 TL Agavendicksaft (alternativ 1 Prise brauner Zucker)
1 TL mildes Pul Biber (milde Chiliflocken)
Salz
schwarzer Pfeffer aus der Mühle

NUDELN
300 g Bandnudeln
Salz

TOPPING
1 TL geröstete Sesamsaat
4 Zitronenspalten

1 Für die Zitronen-Tahin-Chilisauce die **Knoblauchzehe** schälen und fein hacken. Die **Zitrone** waschen, die Schale fein abreiben und die Frucht auspressen.

2 Das **Olivenöl** in einem Topf erhitzen und den Knoblauch darin kurz anbraten. Zitronensaft, Zitronenschale, **Gemüsebrühepulver, Sahne, Hefeflocken** und **Tahin** hinzugeben und bei mittlerer Hitze etwa 10 Minuten köcheln lassen, bis die Sauce fast um die Hälfte eingekocht ist. Mit **Agavendicksaft, Pul Biber, Salz** und **Pfeffer** abschmecken.

3 Parallel dazu für die **Nudeln** reichlich Wasser in einem Topf zum Kochen bringen, **salzen** und die Bandnudeln darin etwa 9 Minuten bissfest kochen.

4 In ein Sieb abgießen, dabei etwas vom Kochwasser (etwa 100 ml) auffangen. Bei Bedarf die Sauce mit Kochwasser strecken, die Nudeln zur Sauce geben, vermengen und auf tiefe Teller verteilen. Mit geröstetem **Sesam** bestreuen und mit je einer **Zitronenspalte** garniert servieren.

VEGANER PARMESAN

Hast du gewusst, dass Hefeflocken geschmacklich an Käse erinnern? Mit Hefeflocken kannst du auch deinen eigenen veganen Parmesan machen. Dazu einfach 100 g Cashewkerne, eine Prise Salz und 2 EL Hefeflocken im Blitzhacker fein hacken. Die Mischung kannst du in diesem Rezept zusätzlich über die Nudeln streuen und natürlich auf andere Nudelgerichte.

Döner-Bowl

Döner Tabağı

Bowls sind beliebter denn je. Aber hast du schon mal eine Döner-Bowl probiert? Das Tolle an Bowls ist: Sie lassen sich ideal variieren, man kann sie am Vortag vorbereiten und nach Lust und Laune die Zutaten abwandeln. Tobe dich aus! Hast du Lust auf Maiskörner oder Hummus (siehe Seite 59)? Dann los!

Zubereitungszeit
30 Minuten

Für 1 Person

DÖNER
2 EL natives Olivenöl extra
1 TL Dönergewürz (siehe Tipp)
½ TL Paprikapulver
150 g Räuchertofu
2–3 EL Pflanzenöl

GEMÜSE
100 g Rotkohl
½ TL Salz
1 TL Weißweinessig
1 kleine rote Zwiebel
1 Fleischtomate
1 kleine Snackgurke
1 Karotte
1–2 nicht zu große Salatblätter

POMMES FRITES
mind. 500 ml Raps- oder Pflanzenöl
2 große festkochende Kartoffeln
Salz

JOGHURTDRESSING
150 g ungesüßter pflanzlicher Joghurt Natur
1 Knoblauchzehe
1 TL Nane (getrocknete Minze)
1 TL Sumach
2–3 EL Zitronensaft
Salz
schwarzer Pfeffer aus der Mühle

ZUM GARNIEREN
1 EL Granatapfelkerne
½ TL Sesamsaat
1 EL gehackte glatte Petersilie

1 Für den Döner **Olivenöl** und **Gewürze** in einer Schüssel verrühren. Den **Räuchertofu** in dünne Scheiben schneiden, in die Marinade geben, wenden und bis zur Verwendung ruhen lassen.

2 In der Zwischenzeit für das Gemüse den **Rotkohl** fein in eine Schüssel hobeln, **salzen,** mit **Essig** beträufeln und mit den Händen 1–2 Minuten kräftig kneten.

3 Die **Zwiebel** schälen und in dünne Scheiben schneiden. Die **Fleischtomate** waschen und in kleine Würfel schneiden, dabei den Stielansatz entfernen. Die **Gurke** waschen und in kleine Würfel schneiden. Die **Karotte** schälen und fein raspeln. Die **Salatblätter** waschen und trocken schütteln.

4 Für die Pommes frites das **Öl** in einer hohen, nicht zu großen Pfanne (oder einem Frittiertopf) erhitzen. Die **Kartoffeln** schälen, in dünne Stifte schneiden und im heißen Öl goldbraun frittieren. Auf Küchenpapier abtropfen lassen und **salzen.**

5 Parallel dazu in einer anderen Pfanne das **Pflanzenöl** für den Räuchertofu erhitzen und die marinierten Tofuscheiben darin von beiden Seiten jeweils etwa 3 Minuten goldbraun braten.

6 In der Zwischenzeit für das Joghurtdressing den **Joghurt** in eine Schüssel geben, die **Knoblauchzehe** schälen und hineinpressen. **Nane, Sumach** und **Zitronensaft** dazugeben und mit **Salz** und **Pfeffer** abschmecken.

7 Alle vorbereiteten Komponenten nebeneinander in eine Bowl geben. Das Dressing darüberträufeln und mit **Granatapfelkernen, Sesam** und fein gehackter **Petersilie** bestreuen.

glutenfrei, frei von raffiniertem Zucker

TIPP Du kannst natürlich auch fertige Pommes frites verwenden, auch Bulgur oder Reis passen gut als Beilage. Das restliche Frittieröl durch ein feines Sieb abgießen, aufbewahren und wiederverwenden. Dönergewürz kannst du auch als Döner-Baharatı über meinen Onlineshop beziehen.

TIPP Dazu am besten dünnes arabisches Fladenbrot servieren. Oder probiere mal meine Blitz-Pfannenbrote (siehe Seite 31), Kartoffel-Fladenbrote (siehe Seite 60) oder meinen leckeren Pilav (siehe Seite 105). Wenn in 15 Minuten schon alles fertig sein soll, sind Biofalafelmischungen besonders schnell zubereitet und gut geeignet. Und wenn du vergessen hast, die Kichererbsen einzuweichen, kannst du 500 g abgetropfte Kichererbsen aus dem Glas nehmen. Das restliche Frittieröl durch ein feines Sieb in ein Glas gießen und später wiederverwenden.

Falafeln in Tomaten-Tahin-Sauce

Falafel Tahini

Die meisten kennen Falafeln aus der arabischen Küche – eines der beliebtesten Streetfoods aus Kichererbsen im gesamten Nahen Osten, das es auch nach Deutschland geschafft hat – ob im Wrap oder mit Dip. Aber hast du schon mal Falafeln in einer würzigen Tomaten-Tahin-Sauce probiert? Unglaublich lecker!

Zubereitungszeit
30 Minuten plus Einweichzeit über Nacht und 10–15 Minuten Garzeit

Für 4 Personen

FALAFELN

250 g getrocknete Kichererbsen
1 Zwiebel
2 Knoblauchzehen
½ Bund Koriander (alternativ glatte Petersilie)
1 TL gemahlener Kreuzkümmel (Kimyon)
Salz
schwarzer Pfeffer aus der Mühle
3 EL Zitronensaft
200 ml Pflanzenöl

TOMATEN-TAHIN-SAUCE

2 Knoblauchzehen
2 EL natives Olivenöl extra
1 Dose gehackte Tomaten
100 g Tahin (Sesammus)
1 TL gemahlener Kreuzkümmel (Kimyon)
1 TL Sumach
1 TL mildes Pul Biber (milde Chiliflocken)
2 EL Zitronensaft
Salz
schwarzer Pfeffer aus der Mühle

ZUM GARNIEREN

1–2 EL Sesamsaat
3–4 Stängel Koriander

1 Für die Falafeln die **Kichererbsen** am Vortag in eine Schüssel geben, mit reichlich Wasser bedecken und über Nacht einweichen.

2 Am nächsten Tag die Kichererbsen in ein Sieb abgießen und in einen großen Mixbecher geben.

3 Die **Zwiebel** und die **Knoblauchzehen** schälen und grob hacken. Den **Koriander** abbrausen, trocken schütteln und ebenfalls grob hacken.

4 Die Kichererbsen mit dem Stabmixer grob pürieren, Zwiebeln, Knoblauch und Koriander dazugeben und alles fein pürieren. Mit **Kreuzkümmel, Salz** und **Pfeffer** würzen, den **Zitronensaft** dazugeben und gut verrühren. Aus der Masse mit leicht angefeuchteten Händen etwa zwölf Bällchen formen.

5 Das **Pflanzenöl** in einer hohen Pfanne erhitzen und die Bällchen darin etwa 5 Minuten rundum goldbraun braten. Auf Küchenpapier abtropfen lassen.

6 In der Zwischenzeit für die Tomaten-Tahin-Sauce die **Knoblauchzehen** schälen und hacken. Das **Olivenöl** in einer Pfanne erhitzen und den Knoblauch darin glasig dünsten. Die **gehackten Tomaten** dazugeben und bei niedriger Hitze köcheln lassen. **Tahin** unterrühren, **Gewürze** und **Zitronensaft** einrühren und mit **Salz** und **Pfeffer** abschmecken.

7 Die gebratenen Falafeln in die Sauce geben, den Deckel auflegen und 10–15 Minuten köcheln lassen.

8 **Sesam** ohne Fett in einer Pfanne rösten. **Koriander** abbrausen, trocken schütteln und hacken.

9 Die Falafeln mit der Sauce auf Teller verteilen und mit Sesam und Koriander garnieren.

Orientalisches Ofengemüse

Khadrawat

Ofengemüse, das nach arabisch-orientalischer Tradition zubereitet wird. Ein wärmendes Gericht, besonders an Tagen, an denen es schnell gehen darf. Gemüse schnippeln, marinieren, den Rest macht der Ofen. Verwende jedes Gemüse, das du magst!

Zubereitungszeit
20 Minuten plus
40 Minuten Backzeit

Für 4 Personen

GEMÜSE
3 Zucchini
1 Zwiebel
1 Knoblauchzehe
2 Karotten
3 Paprika (Farbe nach Wahl)
4 festkochende Kartoffeln

MARINADE
2 EL Tomatenmark
1 TL Paprikamark
4–5 EL natives Olivenöl extra
1 EL Granatapfelkonzentrat (Nar ekşisi)
1 TL Sumach
1 TL Nane (getrocknete Minze)
½ TL mildes Pul Biber (milde Chiliflocken)
½ TL Salz

1. Den Backofen auf 230 °C Ober-/Unterhitze vorheizen.
2. Für das Gemüse die **Zucchini** waschen, putzen, längs vierteln und in etwa 5 mm dünne Scheiben schneiden. **Zwiebel, Knoblauchzehe** und **Karotten** schälen und ebenfalls in Scheiben schneiden. Die **Paprika** waschen, entkernen und in Streifen schneiden. Die **Kartoffeln** schälen und 2 cm groß würfeln.
3. Für die Marinade alle **Zutaten** in einer großen Schüssel verrühren. Das Gemüse zur Marinade geben und gut vermischen. Auf einem mit Backpapier ausgelegten Backblech in einer Lage verteilen, damit es gut gebacken wird.
4. In den vorgeheizten Ofen (mittlere Schiene) schieben und 40 Minuten backen, dabei nach 20 Minuten das Gemüse wenden. Zum Schluss sollten die Ränder des Gemüses leicht gebräunt sein.
5. Das Blech herausnehmen, das Ofengemüse auf Teller verteilen und genießen.

TIPP

Dieses Ofengemüse wird besonders gern mit einem Klecks Joghurt oder mit Knoblauch-Minze-Joghurt (siehe Seite 56) serviert. Für üppige Portionen kannst du noch meinen leckeren Pilav (siehe Seite 105) dazu reichen. Das Ofengemüse schmeckt aber auch als Füllung in einem Wrap unglaublich lecker.

TIPP Die Füllung wird immer so gewürzt und zubereitet, dass man sie auch pur essen möchte. In Kombination mit dem Teig entsteht eine wahre Geschmacksexplosion. Gib auch mal etwas Rosenbutter (siehe Seite 32) darauf. In mehreren Pfannen zu backen, ist authentisch orientalisch, damit niemand warten muss. Spinat gibt es übrigens fertig gewaschen abgepackt zu kaufen, was noch mal Zeit spart.

Gefüllte Teigtaschen

Gözleme

Ob mit Kartoffeln, Lauch, Spinat oder Käse – Gözleme sind wohl die beliebtesten orientalischen Teigtaschen, die es gibt. In türkischen Dörfern wird der Teig traditionell mit einer „Oklava" (dünnes Nudelholz) ausgerollt. Ganz egal, ob morgens zum Frühstück, mittags oder abends: Gözleme wird mit einem Glas schwarzem Tee serviert.

Zubereitungszeit
ca. 30 Minuten plus mind. 50 Minuten Ruhezeit

Für 4 Personen

TEIG
350 g Weizenmehl Type 405 plus etwas zum Bemehlen
1 TL Salz
1 Prise Zucker
1 EL natives Olivenöl extra

SPINATFÜLLUNG
350 g frischer Spinat
2 Zwiebeln
1 Knoblauchzehe
3-4 EL natives Olivenöl extra (bei Bedarf etwas mehr)
2 EL Tomatenmark
½ TL mildes Pul Biber (milde Chiliflocken)
Salz
schwarzer Pfeffer aus der Mühle

ZUM BESTREICHEN UND BESTREUEN
50 g veganer Butterersatz
1 EL fein gehackte glatte Petersilie

1 Für den Teig **Mehl, Salz, Zucker** und **Olivenöl** in einer Schüssel vermengen. Nach und nach 200 ml warmes Wasser hinzugeben und zu einem geschmeidigen, nicht klebenden Teig verkneten. Mit einem feuchten Küchentuch abdecken und bei Raumtemperatur mindestens 50 Minuten ruhen lassen.

2 Inzwischen für die Spinatfüllung den **Spinat** waschen, eventuell dicke Stängel entfernen und gut abtropfen lassen. **Zwiebeln** schälen und in hauchdünne Scheiben schneiden. **Knoblauchzehe** schälen und fein hacken. Den Spinat grob hacken.

3 Das **Olivenöl** in einem Topf erhitzen, Zwiebeln und Knoblauch darin anbraten. Das **Tomatenmark** einrühren, den Spinat dazugeben, den Deckel auflegen und 1–2 Minuten zusammenfallen lassen. Mit **Pul Biber, Salz** und **Pfeffer** abschmecken. Die Füllung muss saftig sein, bei Bedarf etwas **Öl** hinzufügen.

4 Aus dem Teig acht gleich große Kugeln (à etwa 70 g) formen und wieder abdecken. Vier Teigkugeln auf der leicht **bemehlten** Arbeitsfläche so dünn wie möglich zu einem Kreis ausrollen. Jeweils auf einer Kreishälfte ein Achtel der Füllung verteilen, dabei einen Rand frei lassen. Diesen mit etwas Wasser befeuchten, die unbelegte Teighälfte über die Füllung schlagen und den Rand gut andrücken.

5 Zwei große beschichtete Pfannen erhitzen, je zwei halbkreisförmige Teigtaschen hineingeben und bei mittlerer bis hoher Hitze ohne Fett von beiden Seiten je 3–4 Minuten backen.

6 Gözleme aus der Pfanne nehmen und von beiden Seiten mit **Butterersatz** bestreichen. Auf die gleiche Weise vier weitere Gözleme zubereiten. Mit etwas **Petersilie** garniert servieren.

Knusprige Kohlrabiwürfel

Fırında Alabaş

Kohlrabi ist ein leckeres Gemüse, das viel zu selten verwendet wird. Ich zeige dir, wie du aus Kohlrabi knusprige Würfel machen kannst. Dazu wird am liebsten Fladenbrot und ein veganer Knoblauch-Minze-Joghurt serviert, den du ebenfalls in diesem Buch findest (siehe Seite 56).

Zubereitungszeit
20 Minuten plus ca. 15 Minuten Marinierzeit und 15–20 Minuten Backzeit

Für 4 Personen
4 Kohlrabi
6 EL natives Olivenöl extra
2 TL Batata-Gewürz von Serayi (orientalisches Kartoffelgewürz)
2 EL Tomatenmark
Saft von 1 Zitrone
1 EL Granatapfelkonzentrat (Nar ekşisi)
1 TL mildes Pul Biber (milde Chiliflocken)
2 TL edelsüßes Paprikapulver
4 TL Sumach
4 Rosmarinzweige
Salz
schwarzer Pfeffer aus der Mühle
½ Bund glatte Petersilie

1 Die **Kohlrabi** schälen, in kleine Würfel schneiden, kurz unter kaltem Wasser abbrausen und abtropfen lassen.

2 **Olivenöl, Batata-Gewürz, Tomatenmark, Zitronensaft, Granatapfelkonzentrat, Pul Biber, Paprikapulver,** 3 TL **Sumach** und **Rosmarin** in einer großen Schüssel mit etwas **Salz** und **Pfeffer** zu einer Marinade verrühren. Die Kohlrabiwürfel hinzufügen, vermengen und einziehen lassen, bis der Backofen vorgeheizt ist.

3 Den Backofen auf 200 °C Ober-/Unterhitze vorheizen.

4 Die marinierten Kohlrabiwürfel auf einem mit Backpapier ausgelegten Backblech verteilen. In den vorgeheizten Ofen (mittlere Schiene) schieben und 15–20 Minuten backen, bis sie goldbraun sind, dabei die Kohlrabiwürfel zwischendurch wenden, damit sie von allen Seiten gleich backen und sich die Aromen optimal entfalten können.

5 Die **Petersilie** abbrausen, trocken schütteln und hacken. Das Blech aus dem Ofen nehmen, die knusprigen Kohlrabiwürfel auf einen Servierteller geben, mit Petersilie und restlichem **Sumach** bestreuen und servieren.

PUL BIBER

Wörtlich übersetzt bedeutet Pul Biber „Blättchenpfeffer“. Es besteht aus zerstoßenen, getrockneten, milden oder scharfen Chilis, in die ein kleiner Anteil weiterer Gewürze gemischt wird, wie Salz, Paprika, auch Sumach oder Oregano, sowie oft etwas Öl. Die Gewürzmischung hat eine fruchtige Schärfe mit einer leicht säuerlichen Note und ist mittlerweile auch hier im Westen sehr beliebt.

glutenfrei, frei von raffiniertem Zucker

TIPP Du kannst statt Kohlrabi auch Kartoffeln verwenden. Serviere dazu auch mal Tofuschnitzel (siehe Seite 110) oder Hummus (siehe Seite 59). Kartoffelgewürz ist eine Mischung, die man kaufen kann, du kannst es auch bei mir im Shop bestellen, denn mein Batata-Gewürz kann ich sehr empfehlen.

Weißkohlpuffer

Cutlet

Gemüsepuffer kennen viele, aber hast du schon mal diese pakistanische Variante mit Weißkohl probiert? Außen knusprig und innen saftig. Am liebsten serviert man die Puffer mit verschiedenen Dips – mit einer Chilisauce, mit Knoblauch-Joghurt oder anderen leckeren Dips.

Zubereitungszeit
25–30 Minuten plus 15 Minuten Ruhezeit

Für 4 Personen (ergibt ca. 12 Stück)

600 g Weißkohl
1 ½ TL Salz
2 rote Zwiebeln
2 Knoblauchzehe
3-4-cm-Stück Ingwer
200 g Dinkelmehl Type 630
60 g Weichweizengrieß
1 ½ TL mildes Pul Biber (milde Chiliflocken)
1 TL gemahlener Kreuzkümmel (Kimyon)
2 TL Nane (getrocknete Minze)
1 TL gemahlene Kurkuma
1 TL Sumach
ca. 80 ml Pflanzenöl plus etwas zum Einfetten

1. Den **Weißkohl** waschen, in feine Streifen schneiden, in eine Schüssel geben, **salzen,** mit den Händen kneten und 15 Minuten ruhen lassen, damit der Kohl weicher wird.
2. **Zwiebeln, Knoblauchzehe** und **Ingwer** schälen, fein reiben und zum Kohl geben. **Mehl, Grieß** und alle **Gewürze** hinzufügen und mischen.
3. Etwas **Pflanzenöl** auf die Handflächen geben, die Masse in etwa zwölf gleich große Portionen teilen und zu runden, flachen Puffern formen.
4. Inzwischen jeweils 40 ml **Pflanzenöl** in zwei Pfannen erhitzen und die Puffer darin bei mittlerer Hitze portionsweise von beiden Seiten jeweils 4–5 Minuten goldbraun braten, bis sie auch von innen durch und saftig sind. Auf Küchenpapier kurz abtropfen lassen und servieren.

GLUTENFREIE VARIANTE

Für eine glutenfreie und noch proteinreichere Variante kann statt Dinkelmehl auch Kichererbsenmehl verwendet werden.

TIPP

Die Weißkohlpuffer mit einem Dip, zum Beispiel Knoblauch-Joghurt (siehe Seite 20), oder mit Kichererbsen versunken in Gemüsesauce (siehe Seite 102) servieren und genießen! Noch aromatischer werden die Puffer, wenn man die Masse über Nacht im Kühlschrank stehen lässt.

Champignon-Pfanne

Mantar Sote

Wer braucht schon Fleischersatz, wenn es Champignons gibt? Die Konsistenz der Pilze ist bissfest, faserig und saftig – richtig zubereitet, kannst du mit dieser Champignon-Pfanne unzählige Gerichte bereichern. Ob du die Pilze mit Joghurt genießt, in einen Wrap füllst, deinen Döner damit anrichtest oder einfach nur warmes Brot darin eintunkst, liegt ganz an deinem Geschmack.

Zubereitungszeit
20 Minuten plus
15–20 Minuten Garzeit

Für 4 Personen

PILZE
1 Zwiebel
2 Knoblauchzehen
800 g kleine braune Champignons
4 EL natives Olivenöl extra
1 EL Tomatenmark
½ EL Paprikamark
1 TL Biogemüsebrühepulver (ohne Zusätze)
1 EL Granatapfelkonzentrat (Nar ekşisi)
1 TL Magic Orient von Serayi (Grillgewürzmischung)
1 TL Sumach
½ TL mildes Pul Biber (milde Chiliflocken)
Salz
schwarzer Pfeffer aus der Mühle

TOPPING
4 EL ungesüßter pflanzlicher Joghurt Natur
2 EL Granatapfelkerne
1 EL gehackte glatte Petersilie
1 TL Nane (getrocknete Minze)

1 Für die Pilze **Zwiebel** und **Knoblauchzehen** schälen und fein hacken. Die **Champignons** säubern.

2 Das **Olivenöl** in einer Pfanne erhitzen, Zwiebeln und Knoblauch darin glasig dünsten. Die Champignons hinzufügen und kurz mitbraten. **Tomaten-** und **Paprikamark** einrühren und kurz mitdünsten. Dann **Brühepulver, Granatapfelkonzentrat** und **Gewürze** mit etwas **Salz** und **Pfeffer** hinzugeben. Mit etwa 400 ml Wasser ablöschen und 15–20 Minuten köcheln lassen, bis die gesamte Sauce fast verkocht ist und eine dickliche Konsistenz hat.

3 Die Champignons in eine Servierschüssel geben und mit **Joghurt, Granatapfelkernen, Petersilie** und **Nane** garnieren.

TIPP

Dazu passt Pilav (siehe Seite 105) oder Brot wie Fladenbrot, selbst gemachte Blitz-Pfannenbrote (siehe Seite 31) oder Kürbis-Naan (siehe Seite 27). Je kleiner die Champignons, desto bissfester sind sie in der Konsistenz. Du kannst dieses Gericht auch mit jeder anderen Pilzsorte zubereiten.

SUMACH

Sumach, auch Essigbeere genannt, ist in der orientalischen Küche ein beliebtes Gewürz, das leicht säuerlich und fruchtig-herb schmeckt. Das Pulver wird aus der getrockneten roten Steinfrucht des immergrünen Färberbaums gewonnen. Du kannst Sumach genau wie die Gewürzmischung Magic Orient in meinem Onlineshop bekommen.

glutenfrei, frei von raffiniertem Zucker

Linsen-Bulgur mit karamellisierten Zwiebeln

Moughadara

Wenn ein großer Teller mit dem arabischen Gericht, das aus Linsen, Bulgur und karamellisierten Zwiebeln zubereitet wird, in der Mitte des Tisches steht, weiß man, dass es Zeit ist zu genießen! Ist der Teller groß genug, bietet er die Möglichkeit, auch andere Speisen darauf zu platzieren, zum Beispiel vegane marinierte Pilz-Grillspieße (siehe Seite 109).

Zubereitungszeit
20 Minuten plus
10 Minuten Einweichzeit und
10 Minuten Garzeit

Für 4–6 Personen

LINSEN-BULGUR
300 g braune Linsen
300 g Bulgur
4 EL veganer Butterersatz
1 EL Salz

KARAMELLISIERTE ZWIEBELN
2 Zwiebeln
4 EL natives Olivenöl extra
1 TL brauner Zucker
1 TL Sumach
Salz
schwarzer Pfeffer aus der Mühle

ZUM GARNIEREN
1 EL Petersilienblätter
(nach Belieben)

1 Für den Linsen-Bulgur die **Linsen** in ein Sieb geben und unter fließendem Wasser waschen. In eine Schüssel geben, mit reichlich warmem Wasser bedecken und 10 Minuten einweichen.
2 Die Linsen mit 600 ml Einweichwasser in einen Topf geben, aufkochen und 10 Minuten kochen lassen.
3 Inzwischen den **Bulgur** in ein feines Sieb geben, unter fließendem Wasser waschen und zum Abtropfen beiseitestellen.
4 2–3 Minuten vor Ende der Linsengarzeit den gewaschenen Bulgur dazugeben und auf höchster Stufe kochen. Dann den Herd ausschalten, **Butterersatz** und **Salz** einrühren, den Deckel auflegen und 15 Minuten nachgaren lassen.
5 In der Zwischenzeit die **Zwiebeln** schälen und in dünne Scheiben schneiden. Das **Olivenöl** in einer Pfanne erhitzen und die Zwiebeln darin langsam glasig braten. Mit **Zucker** bestreuen und karamellisieren. Zum Schluss mit **Sumach, Salz** und **Pfeffer** würzen.
6 Den Linsen-Bulgur eventuell mit **Salz** abschmecken. Auf einem großen Servierteller anrichten und mit den karamellisierten Zwiebeln garnieren. Nach Belieben mit Petersilie garnieren.

TIPP

Du kannst die Linsen auch schon am Abend in Wasser einweichen. Dann dauert das Kochen nur noch 5 Minuten. Das Linsenwasser wird nicht weggeschüttet, so bleibt später mehr Geschmack im Gericht. Das Gericht schmeckt statt mit Bulger auch mit Couscous unglaublich gut. Serviere dazu auch mal frittierte orientalische Austernpilze (siehe Seite 117).

Geröstete Kichererbsen versunken in Gemüsesauce

Nohut Tava

Ein tolles One-Pot-Gericht – lecker, saftig, wärmend. Einfach alles in die Auflaufform geben, in den Backofen schieben, brutzeln lassen und fertig! Hülsenfrüchte sind eine völlig unterschätzte Eiweißquelle, also mach es zu deinem One-Pot-Lieblingsgericht.

Zubereitungszeit
15 Minuten plus
40 Minuten Backzeit

Für 4 Personen
2 rote Spitzpaprika
3 milde grüne Spitzpaprika
1 große Zwiebel
2 Knoblauchzehen
3 Tomaten
560 g Kichererbsen aus dem Glas (oder 220 g getrocknete Kichererbsen; siehe Tipp)
1 EL natives Olivenöl extra
1 EL Granatapfelkonzentrat (Nar ekşisi)
1 EL Tomatenmark
½ EL Paprikamark
½ TL gemahlener Kreuzkümmel
1 TL scharfes Pul Biber (scharfe Chiliflocken)
1 TL Nane (getrocknete Minze)
Salz
schwarzer Pfeffer aus der Mühle

1. Den Backofen auf 180 °C Ober-/Unterhitze vorheizen.
2. **Rote** und **grüne Paprika** waschen, entkernen und in schmale Ringe schneiden. **Zwiebel** und **Knoblauchzehen** schälen und fein würfeln. Die **Tomaten** häuten und grob würfeln, dabei die Stielansätze entfernen.
3. Die **Kichererbsen** abgießen, mit dem vorbereiteten Gemüse in eine große Auflaufform geben und mischen.
4. **Olivenöl, Granatapfelkonzentrat, Tomatenmark, Paprikamark, Gewürze,** etwas **Salz** und **Pfeffer** zu einer Marinade verrühren, über die Kichererbsen-Gemüse-Mischung gießen und noch mal vermengen.
5. In den vorgeheizten Ofen (mittlere Schiene) geben und 40 Minuten backen, dabei ein- bis zweimal umrühren.
6. Herausnehmen und aus der Auflaufform servieren.

TIPP

Dazu Fladenbrot zum Auftunken der Sauce reichen. Du kannst es auch selbst backen, zum Beispiel Blitz-Pfannenbrote (siehe Seite 31) oder Kartoffel-Fladenbrote (siehe Seite 60). Du kannst auch 220 g getrocknete Kichererbsen nehmen. Diese am besten 1 Tag vorher in reichlich warmem Wasser einweichen, in das 1 EL Natron gegeben wurde (dadurch werden die Kichererbsen schneller weich). Am nächsten Tag abgießen, mit frischem Wasser in den Schnellkochtopf geben und 25 Minuten garen.

glutenfrei, frei von raffiniertem Zucker

Gebratener Butterreis

Pilav

Kennt ihr diesen unglaublich saftigen, buttrigen Reis, den es in türkischen Restaurants gibt? Als ich Kind war, hieß es: Erst wenn man Reis zubereiten kann, kann man kochen. Dabei ist es gar nicht so schwer. Mit ein, zwei kleinen Tipps und Tricks ist Reis in wenigen Minuten perfekt gegart. Hier zeige ich dir, wie du Reis wie aus dem Restaurant zaubern kannst. Und falls jemand meint, das sei zu viel Fett, nein, das ist genau richtig, denn nur so wird Reis so locker, saftig und buttrig, wie er sein soll.

Zubereitungszeit
10 Minuten plus mind. 30 Minuten Einweichzeit, ca. 4 Minuten Garzeit und 10–15 Minuten Nachgarzeit

Für 4 Personen
- 360 g rund- oder ovalkörniger Reis (dicke Körner; aus dem türkischen Laden)
- 2 TL Salz
- 1 EL Zitronensaft
- 100 ml geschmacksneutrales Pflanzen- oder Rapsöl
- 3 EL Reisnudeln (Arpa Şehriye oder Kritharaki bzw. Orzo)
- 2 EL veganer Buttterersatz
- 1 TL Biogemüsebrühepulver (ohne Zusätze)

1. Den **Reis** mit 1 TL **Salz** in eine Schüssel geben und mit kochendem Wasser bedecken. Dann den **Zitronensaft** dazugeben, damit er weißer wird, und mindestens 30 Minuten einweichen lassen (auf diese Weise wird dem Reis die überschüssige Stärke entzogen).
2. Reis in ein Sieb abgießen und mit kaltem Wasser abbrausen, dabei vorsichtig vorgehen, damit die Körner nicht zerbrechen. Das Sieb mit dem Reis beiseitestellen und abtropfen lassen.
3. Das **Öl** in einer beschichteten Pfanne erhitzen und die **Reisnudeln** darin goldbraun rösten. Den abgetropften Reis hinzufügen und 3–4 Minuten unter gelegentlichem Rühren braten.
4. 540 ml heißes Wasser, **Buttterersatz, Brühepulver** und restliches **Salz** hinzufügen, einmal umrühren, den Deckel auflegen und bei mittlerer Hitze so lange köcheln lassen, bis der Reis das gesamte Wasser aufgenommen hat (das dauert etwa 4 Minuten). Den Herd ausschalten und den Reis 10–15 Minuten nachgaren lassen.

TIPP

Pilav passt zu vielen Gerichten aus diesem Buch, zum Beispiel zu Gemüse-Mango-Curry (siehe Seite 113), Champignon-Pfanne (siehe Seite 98), Pilz-Grillspießen (siehe Seite 109), „Chicken" in cremiger Tomatensauce (siehe Seite 69) oder Falafeln mit Tomaten-Tahin-Sauce (siehe Seite 89). Du kannst den Reis auch eine Nacht vorher in Wasser einweichen und am besten abgedeckt in den Kühlschrank stellen. Das Mengenverhältnis bei Reis ist immer zwei Tassen Reis, drei Tassen heißes Wasser.

glutenfrei, frei von raffiniertem Zucker

Gemüse-Nuggets

Sebze Köftesi

Wenn vom Vortag noch gekochte Kartoffeln übrig sind, mache ich daraus Gemüse-Nuggets, eines meiner Lieblingsrezepte. Die Kartoffelbasis wird durch weiteres Gemüse ergänzt, dabei kann man zur Abwechslung auch einfach das nehmen, worauf man Lust hat. Hier kannst du nach Herzenslust variieren und deiner Kreativität freien Lauf lassen.

Zubereitungszeit
25 Minuten

Für 4 Personen

4 gekochte mehligkochende Kartoffeln
1 rote Zwiebel
2 kleine Knoblauchzehen
70 g rote Paprika
70 g Maiskörner aus der Dose
70 g grüne TK-Erbsen, aufgetaut
3 Scheiben Toastbrot
4 EL Speisestärke
1 ½ TL Garam Masala
1 TL gemahlener Kreuzkümmel (Kimyon)
1 TL mildes Pul Biber (milde Chiliflocken)
1 ½ TL Salz
1 ½ EL Zitronensaft
1 EL Granatapfelkonzentrat (Nar ekşisi)
200–300 ml Pflanzenöl

1. Die gekochten **Kartoffeln** in eine große Schüssel geben und mit einem Kartoffelstampfer zu einer homogenen Masse zerdrücken. **Zwiebel** und **Knoblauchzehen** schälen, fein hacken und hinzufügen. Die **Paprika** in kleine Würfel schneiden, mit **Mais** und **Erbsen** in die Schüssel geben und alles vermengen.
2. Die **Toastscheiben** im Blitzhacker zu Krümeln verarbeiten und ebenfalls in die Schüssel geben. **Speisestärke, Gewürze, Zitronensaft** und **Granatapfelkonzentrat** hinzufügen und mit den Händen durchkneten. Bei Bedarf etwas Wasser hinzufügen, denn die Masse sollte gut formbar sein. Aus der Masse 14–16 Nuggets formen.
3. Das **Pflanzenöl** in einer großen Pfanne erhitzen und die Nuggets darin auf mittlerer Stufe 7–10 Minuten rundum goldbraun braten, sie sollten auch innen gut durchgebraten sein. Auf Küchenpapier abtropfen lassen.

TIPP

Die Gemüse-Nuggets am besten mit einem Dip, zum Beispiel Knoblauch-Minze-Joghurt (siehe Seite 56) oder Knoblauch-Joghurt (siehe Seite 20), und Fladenbrot servieren oder in Brottaschen füllen und mit einem Dip beträufelt genießen. Auch die cremige Tomatensauce (siehe Seite 69) passt sehr gut. Ich bereite immer gern mehr Gemüse-Nuggets zu und friere sie fertig frittiert ein. Bei Bedarf auftauen lassen und im vorgeheizten Backofen bei 180 °C Ober-/Unterhitze 10 Minuten heiß werden lassen. Eine super Variante, wenn es mal schnell gehen muss. Das restliche Frittieröl kannst du übrigens noch mal verwenden.

Marinierte Pilz-Grillspieße

Şiş Kebab

Şiş (gesprochen „Schisch") bedeutet Spieß. Meine vegane Variante sind Pilz-Grillspieße, unglaublich saftig eingelegt in einer Marinade aus Joghurt und anderen Grillgewürzen. In einen dünnen Wrap gefüllt oder serviert auf Reis, vielleicht noch mit gegrillten Tomaten und gegrilltem Gemüse – ein Genuss!

Zubereitungszeit
ca. 20 Minuten plus 8–10 Minuten Garzeit und mind. 30 Minuten Marinierzeit

Für 4 Personen
500 g Austernpilze
2 Knoblauchzehen
1 EL Tomatenmark
½ TL Paprikamark
1 TL Granatapfelkonzentrat (Nar ekşisi)
1 EL ungesüßter pflanzlicher Joghurt Natur
1 EL Döner-Grillgewürz von Serayi
½ TL geräuchertes Paprikapulver
1 EL natives Olivenöl extra
1 TL Zitronensaft
2–3 EL Raps- oder Pflanzenöl

AUSSERDEM
Schaschlikspieße

1. Die **Austernpilze** säubern und längs halbieren. Eine Pfanne erhitzen, die Pilze ohne Fett hineingeben, Deckel auflegen und 8–10 Minuten dünsten, damit sie das ganze Wasser ausschwitzen. Dieser Schritt ist wichtig, um die Pilze später saftig mariniert und trotzdem kross braten zu können.
2. Die **Knoblauchzehen** schälen und fein in eine Schüssel reiben. **Tomatenmark, Paprikamark, Granatapfelkonzentrat, Joghurt, Grillgewürz, Paprikapulver, Olivenöl** und **Zitronensaft** hinzufügen und vermengen. Die Austernpilze in der Marinade schwenken und abgedeckt mindestens 30 Minuten kalt stellen.
3. Die marinierten Pilze auf Schaschlikspieße stecken. Das **Öl** in einer Pfanne erhitzen und die Spieße darin von beiden Seiten jeweils etwa 5 Minuten kross braten, dabei mit dem Pfannenwender fest an den Pfannenboden drücken, damit sich die leckersten Röstaromen bilden.
4. Auf einen Servierteller geben und mit Beilagen nach Wahl (siehe Tipp) genießen.

TIPP

Zu diesen leckeren Grillspießen passt Pilav (siehe Seite 105) unglaublich gut, aber auch Reissalat (siehe Seite 40), Shirazi-Salat (siehe Seite 35) oder knusprig gebackene Frühlingszwiebeln (siehe Seite 81). Außerdem Mezze zum Dippen wie Knoblauch-Minze-Joghurt (siehe Seite 56), Hummus (siehe Seite 59) und pikante Käsecreme (siehe Seite 23). Serviere sie auch mal zum Linsen-Bulgur (siehe Seite 101). Wer Schaschlikspieße aus Holz verwendet, sollte diese vorher mindestens 30 Minuten in kaltes Wasser legen, damit sie auch beim Grillen ihre helle Farbe behalten und nicht verbrennen.

glutenfrei, frei von raffiniertem Zucker

Tofuschnitzel

Şnitzel

Dieses Rezept ist ein Basisrezept, aus dem du viel machen kannst: die Tofuschnitzel mit Zitronenspalten anrichten oder in Streifen schneiden, in einen Wrap füllen und genießen. Es geht superschnell, ist einfach und unglaublich lecker!

Zubereitungszeit
15 Minuten

Für 4 Personen
500 g Tofu Natur
3 EL Speisestärke
1 TL Köfte-Gewürz (Gewürzmischung)
1 TL geräuchertes Paprikapulver
½ TL mildes Pul Biber (milde Chiliflocken)
Salz
schwarzer Pfeffer aus der Mühle
150 g Panko (siehe Tipp)
3-4 EL Rapsöl
4 Zitronenspalten

1. Den **Tofu** in etwa 1 cm dicke Scheiben schneiden.
2. **Speisestärke,** 6 EL Wasser, **Gewürze,** etwas **Salz** und **Pfeffer** gut in einem tiefen Teller verrühren. Es soll eine klebrige Konsistenz entstehen (gegebenenfalls etwas Wasser hinzufügen). **Panko-Brösel** in einen zweiten tiefen Teller streuen.
3. Das **Rapsöl** in einer Pfanne erhitzen. Die Tofuscheiben von beiden Seiten in die Stärkemischung tauchen, dann beidseitig im Panko wälzen und im heißen Öl von jeder Seite je 3–4 Minuten goldbraun brutzeln. Auf Küchenpapier abtropfen lassen.
4. Die Tofuschnitzel auf Teller verteilen, **Zitronenspalten** zum Beträufeln danebenlegen und mit Beilagen nach Wahl (siehe Tipp) servieren.

TIPP

Zu diesen leckeren Tofuschnitzeln passen Mezze wie Salatati (siehe Seite 36), cremiger Rotkrautsalat (siehe Seite 55) oder gerösteter Couscous-Salat (siehe Seite 39). Oder serviere sie mal zu knusprigen Kohlrabi-Würfeln (siehe Seite 94). Auf die richtige Panade kommt es an! Wenn du kein Panko hast, kannst du auch ungesüßte Cornflakes zerbröseln und als Panade verwenden. Panko macht das Ganze noch knuspriger und ist in jedem gut sortierten Supermarkt oder im Asia-Laden erhältlich.

Gemüse-Mango-Curry

Soymanu

Wenn süß-fruchtig auf herzhaft-pikant trifft, werden alle Geschmacksknospen verwöhnt. Auf Reis serviert, schmeckt dieses Gericht nach Liebe aus dem Nahen Osten.

Zubereitungszeit
20 Minuten plus
10 Minuten Garzeit

Für 4 Personen
400 g gemischtes Gemüse (z. B. Brokkoli, Zucchini, Zuckerschoten)
10 Kirschtomaten
1 harte Mango
4 EL Kokosöl
2 Knoblauchzehen
1 TL Nane (getrocknete Minze)
400 ml Kokosmilch aus der Dose
3 EL Mangomark (alternativ 5 EL Mangosaft)
1 EL Granatapfelkonzentrat (Nar ekşisi)
½ TL mildes Pul Biber (milde Chiliflocken)
1 TL Garam Masala
Salz
schwarzer Pfeffer aus der Mühle
2-3 Stängel Koriander (alternativ glatte Petersilie)

1. Das **Gemüse** waschen, putzen und eventuell in mundgerechte Stücke schneiden. **Kirschtomaten** waschen und halbieren. **Mango** schälen, das Fruchtfleisch vom Stein lösen und in etwa 2 cm große Würfel schneiden.
2. Das **Kokosöl** in einer Pfanne erhitzen. Die **Knoblauchzehen** schälen und in die Pfanne pressen. Die **Nane** dazugeben und kurz anrösten. Das Gemüse hinzufügen und etwa 5 Minuten mitbraten.
3. Kirschtomaten und Mango dazugeben und mit **Kokosmilch** ablöschen. Bei Bedarf etwas Wasser (etwa 100 ml) hinzufügen. **Mangomark** und **Granatapfelkonzentrat** unterrühren, mit **Gewürzen, Salz** und **Pfeffer** abschmecken und 10 Minuten auf niedriger Stufe köcheln lassen.
4. Den **Koriander** abbrausen, trocken schütteln und fein hacken. Das Gemüse-Mango-Curry damit garnieren und (am besten mit gegartem Reis) servieren.

TIPP

Klappt auch wunderbar mit Ananas statt Mango. Dazu passt natürlich mein leckerer Pilav (siehe Seite 105) super oder auch ein einfach gegarter Reis.

glutenfrei, frei von raffiniertem Zucker

Orientalischer Reis-Spinat-Auflauf

Tamila Tadi

Dieser persische Auflauf schmeckt nach Wohlbefinden. Der Safran sorgt für wohlige Wärme, der Spinat für Saftigkeit und der Backofen lässt dich die knusprige Schicht schmecken.

Zubereitungszeit
25–30 Minuten plus
15 Minuten Garzeit und
ca. 50 Minuten Backzeit

Für 3 Personen
4 Safranfäden
500 g Spinat
200 g Basmatireis
50 g veganer Butterersatz plus etwas zum Einfetten
Salz
1 große Zwiebel
2 EL natives Olivenöl extra
schwarzer Pfeffer aus der Mühle
300 g ungesüßter pflanzlicher Joghurt Natur
1 EL Speisestärke
100 ml Gemüsebrühe

1. Den Backofen auf 190 °C Ober-/Unterhitze vorheizen.
2. Den **Safran** in eine Tasse geben, 1 EL Wasser darübergießen und bis zur Verwendung ziehen lassen.
3. Den **Spinat** waschen und abtropfen lassen. Den **Basmatireis** in ein feines Sieb geben, unter fließendem Wasser abbrausen und ebenfalls abtropfen lassen.
4. Den **Butterersatz** in einem Topf zerlassen, Basmatireis dazugeben und anbraten. Mit **Salz** würzen, 300 ml Wasser angießen, aufkochen, den Deckel auflegen und bei niedriger Hitze 15 Minuten köcheln lassen.
5. Den eingeweichten Safran mit dem Wasser dazugeben und unterrühren. Den Herd ausschalten und den Reis bis zur weiteren Verwendung nachgaren lassen.
6. Inzwischen die **Zwiebel** schälen und fein hacken. **Olivenöl** in einem großen Topf erhitzen und die Zwiebeln darin glasig braten. Den abgetropften **Spinat** grob klein schneiden, dazugeben und anbraten, bis er zusammenfällt. Mit **Salz** und **Pfeffer** würzen.
7. **Joghurt** und **Speisestärke** in eine Schüssel geben, nach und nach die **Gemüsebrühe** mit einem Schneebesen einrühren. Mit **Salz** und **Pfeffer** würzen, die Joghurtmischung zum Reis geben und vermengen.
8. Eine Auflaufform mit **Butterersatz** einfetten, die Hälfte der Reismischung einfüllen und glatt streichen. Den Spinat gleichmäßig darauf verteilen. Den restlichen Reis darübergeben und glatt streichen.
9. Die Auflaufform mit einem Deckel oder mit Alufolie fest verschließen, in den vorgeheizten Ofen (mittlere Schiene) geben und etwa 50 Minuten backen. Der Auflauf ist fertig, wenn er leicht aufgegangen ist und eine schöne goldbraune Kruste hat.

TIPP

Am besten auf Salatblättern anrichten und mit Granatapfelkernen dekorieren.

glutenfrei, frei von raffiniertem Zucker

Frittierte orientalische Austernpilze

Farkha

Kaum etwas ist so crispy, crunchy und saftig wie dieses Gericht! Fülle deinen Wrap damit oder dippe deine orientalischen Pilze in einen Dip nach Wahl oder genieße sie mit Zitrone. Wer braucht schon Fleischersatzprodukte? Mit diesem Gericht habe ich immer alle am Tisch verblüfft. Die faserige Konsistenz, die richtigen Gewürze und die perfekte Panade machen die Austernpilze zu deinem neuen Lieblingsgericht.

Zubereitungszeit
30 Minuten

Für 4 Personen
400 g Austernpilze
150 g Speisestärke
1 TL Salz
1 TL Köfte-Gewürz (Gewürzmischung)
½ TL mildes Pul Biber (milde Chiliflocken)
300 g Panko (alternativ Paniermehl)
500 ml Raps- oder Pflanzenöl
4 Zitronenspalten

1 **Austernpilze** säubern. **Speisestärke,** 350 ml Wasser und **Gewürze** in einer Schüssel zu einer flüssig-cremigen Panade vermengen. **Panko-Brösel** in einen tiefen Teller geben.

2 Das **Pflanzenöl** in einer Pfanne erhitzen. Die Austernpilze zuerst in die Panade tunken, dann im Panko wälzen und portionsweise im heißen Öl von beiden Seiten jeweils 3–5 Minuten goldbraun frittieren. Auf Küchenpapier abtropfen lassen.

3 Die frittierten Austernpilze mit **Zitronenspalten** auf Tellern anrichten und genießen.

TIPP

Dazu passt gegarter Reis und natürlich mein superleckerer Pilav (siehe Seite 105) und Knoblauch-Joghurt (siehe Seite 20). Serviere sie auch mal mit Zucchini in Joghurt (siehe Seite 28) oder zu Linsen-Bulgur (siehe Seite 101). Auch Hummus (siehe Seite 59) passt sehr gut dazu. Du kannst dieses Gericht auch mit anderen Pilzsorten ausprobieren. Das restliche Frittieröl kannst du noch drei- bis viermal verwenden. Am besten durch ein feines Sieb in ein Glas gießen und aufbewahren.

Saftige „Köfte“ mit geschmortem Gemüse

Tepsi Kebabı

Saftige vegane Köfte, die mit geschmortem Gemüse in eine Auflaufform geschichtet werden. Geliebt wird diese Speise mit einem ordentlichen Klecks veganem Joghurt obendrauf, dazu serviert man Brot oder Reis.

Zubereitungszeit
30 Minuten plus
40–45 Minuten Backzeit

Für 4 Personen

„KÖFTE“

1 rote Zwiebel
4–5 Stängel glatte Petersilie
275 g frisches veganes Hack
2–3 EL Paniermehl
1 TL Speisestärke
1 EL Tomatenmark
½ EL Paprikamark
½ TL gemahlener Kreuzkümmel (Kimyon)
½ TL mildes Pul Biber (milde Chiliflocken)
2 TL Magic Orient von Serayi (Grillgewürzmischung)
Salz
schwarzer Pfeffer aus der Mühle
1 EL natives Olivenöl extra

GEMÜSE

2 Auberginen
1 TL Salz
2 milde grüne Spitzpaprika
4 vorwiegend festkochende Kartoffeln
3 große Tomaten

SAUCE

1 EL Tomatenmark
½ EL Paprikamark
50 g veganer Butterersatz (alternativ Olivenöl)
Salz
schwarzer Pfeffer aus der Mühle

ZUM GARNIEREN

1 EL fein gehackte glatte Petersilie (nach Belieben)

1. Den Backofen auf 180 °C Ober-/Unterhitze vorheizen.
2. Für die „Köfte“ die **Zwiebel** schälen und fein in eine Schüssel reiben. Die **Petersilie** abbrausen, trocken schütteln, fein hacken und hinzufügen. **Hack, Paniermehl, Speisestärke, Tomatenmark, Paprikamark** und **Gewürze** mit etwas **Salz** und **Pfeffer** dazugeben und zu einer homogenen Masse vermischen. Abdecken und etwa 10 Minuten ruhen lassen.
3. In der Zwischenzeit die **Auberginen** waschen, die Schale mit einem Sparschäler streifenweise (im Zebramuster) längs schälen (dadurch werden sie später butterweich, fallen aber nicht auseinander). Auberginen quer in etwa 1,5 cm dünne Scheiben schneiden, in eine Schüssel geben, mit **Salz** bestreuen und mit kaltem Wasser bedecken (das Salz entzieht Bitterstoffe).
4. Die **Paprika** waschen, entkernen und in Streifen schneiden. Die **Kartoffeln** schälen und in etwa 1 cm dünne Scheiben schneiden. Die **Tomaten** waschen, die Stielansätze entfernen und Tomaten in etwa 5 mm dünne Scheiben schneiden.
5. Eine hohe, runde Auflaufform mit dem **Olivenöl** auspinseln. Aus der „Köfte“-Masse etwa 20 runde, flache Bratlinge formen. Die Auberginenscheiben abgießen und mit Küchenpapier trocken tupfen. Auf eine Auberginenscheibe eine Tomatenscheibe, einen Bratling, wieder eine Tomatenscheibe und zum Schluss eine Kartoffelscheibe schichten. Die „Päckchen“ dicht nebeneinander im Kreis hochkant in die Form geben und die Mitte mit einem „Päckchen“ füllen. Zum Schluss die Paprikastreifen zwischen die Schichten stecken.
6. Für die Sauce 300 ml Wasser in einem kleinen Topf zum Kochen bringen. **Tomatenmark, Paprikamark, Butterersatz** in Flöckchen, etwas **Salz** und **Pfeffer** dazugeben, gut verrühren und die Sauce über die geschichteten „Köfte“ und Gemüse gießen.
7. In den vorgeheizten Ofen (mittlere Schiene) geben und 40–45 Minuten garen.
8. Aus dem Ofen nehmen, nach Belieben mit **Petersilie** garnieren und servieren.

glutenfrei, frei von raffiniertem Zucker

TIPP Wer aus den Auberginen das absolute Maximum herausholen möchte, kann die Scheiben vor dem Backen in reichlich Öl braten. Das lässt die Aubergine dann später im Mund fast zerfallen. Einfach lecker!

Mantı für Faule

Yalancı Mantı

Mantı ist eines der beliebtesten, aber auch aufwendigsten Gerichte. Was die kleinen gefüllten Nudeltaschen so besonders macht, ist die Kombination mit Knoblauch-Joghurt-Sauce und roter Sauce. Wenn es mal schnell gehen muss, ist Yalancı Mantı („yalancı" heißt „unecht") nicht nur lecker, sondern schmeckt auch ähnlich wie das Original.

Zubereitungszeit
15 Minuten

Für 4 Personen

NUDELN
400 g kurze Nudeln (z. B. Farfalle)
Salz

ROTE SAUCE
2 EL natives Olivenöl extra
1 TL veganer Butterersatz
1 EL Tomatenmark
1 EL Paprikamark
1 TL Nane (getrocknete Minze) plus etwas zum Garnieren
½ TL edelsüßes Paprikapulver
Salz
schwarzer Pfeffer aus der Mühle

JOGHURTSAUCE
1 Knoblauchzehe
250 g ungesüßter pflanzlicher Joghurt Natur
1 TL Zitronensaft
Salz
schwarzer Pfeffer aus der Mühle

1 Für die Nudeln reichlich Wasser in einem großen Topf zum Kochen bringen, **salzen** und die **Nudeln** nach Packungsanweisung bissfest kochen.
2 Inzwischen für die rote Sauce **Olivenöl** und **Butterersatz** in einer Pfanne erhitzen. **Tomatenmark** und **Paprikamark** darin anbraten, die **Gewürze** dazugeben und mit **Salz** und **Pfeffer** abschmecken. Für eine cremigere Konsistenz etwas Wasser einrühren.
3 Für die Joghurtsauce die **Knoblauchzehe** schälen und in eine Schüssel pressen. **Joghurt, Zitronensaft,** etwas **Salz** und **Pfeffer** dazugeben und vermischen.
4 Nudeln abgießen, abtropfen lassen und auf tiefe Teller verteilen. Großzügig mit der Joghurtsauce übergießen, mit roter Sauce abrunden und mit **Nane** garnieren.

TIPP

Kleinere Nudeln eignen sich super für dieses Rezept. Probiere auch mal Conchiglie, Orecchiette oder Fusilli.

Linsenbratlinge

Yeşil Mercimek Köftesi

Diese kräftig gewürzten Linsenbratlinge werden allen schmecken! Im Sommer kann man sie auch sehr gut mit auf den Grill geben.

Zubereitungszeit
20 Minuten plus
20–25 Minuten Garzeit und
10 Minuten Ruhezeit

Für 4 Personen
250 g braune oder grüne Linsen
1 Zwiebel
1 Knoblauchzehe
½ Bund glatte Petersilie
1 EL Tomatenmark
½ TL Paprikamark
1 EL Speisestärke
5 EL Paniermehl
1 TL Sumach
1 TL Magic Orient von Serayi (Grillgewürzmischung)
½ TL gemahlener Kreuzkümmel (Kimyon)
Salz
schwarzer Pfeffer aus der Mühle
2–3 EL Pflanzenöl zum Braten
4 Zitronenspalten

1 Die **Linsen** in ein Sieb geben, unter fließendem Wasser abbrausen und in einen Topf geben. Mit kaltem Wasser bedecken, aufkochen und 20–25 Minuten köcheln lassen, bis sie weich sind (wenn sich die Linsen mit einem Löffel leicht zerdrücken lassen, sind sie perfekt).

2 Inzwischen **Zwiebel** und **Knoblauchzehe** schälen und fein hacken. **Petersilie** abbrausen, trocken schütteln und hacken.

3 Die Linsen abgießen, in einen Mixbecher geben und mit dem Stabmixer pürieren. In eine Schüssel geben, Zwiebeln, Knoblauch und Petersilie einrühren. **Tomatenmark, Paprikamark, Speisestärke, Paniermehl, Gewürze,** etwas **Salz** und **Pfeffer** hinzufügen und mit den Händen kräftig kneten, bis eine homogene Masse entsteht. Abdecken und 10 Minuten im Kühlschrank ruhen lassen.

4 Die Hände mit etwas Wasser befeuchten und aus der Masse etwa 20 kleine Bratlinge formen. Das **Pflanzenöl** in einer Pfanne erhitzen und die Bratlinge darin von beiden Seiten jeweils etwa 5 Minuten knusprig braten.

5 Auf vier Teller verteilen und mit **Zitronenspalten** zum Beträufeln servieren.

TIPP

Reiche dazu am besten Knoblauch-Minze-Joghurt (siehe Seite 56), gegarte Kartoffeln oder Basmatireis. Natürlich passt zu diesen „Köfte" auch mein Pilav (siehe Seite 105) wunderbar und als Mezze der leckere Auberginendip (siehe Seite 51), Zucchini in Joghurt (siehe Seite 28) oder cremiger Rotkrautsalat (siehe Seite 55). Das Rezept funktioniert auch wunderbar mit roten oder gelben Linsen (diese nur etwa 10 Minuten kochen).

Desserts

Süße Köstlichkeiten spiegeln die reiche kulinarische Tradition und die Vorliebe für intensive Geschmackserlebnisse wider. Sie spielen eine wichtige Rolle in der orientalischen Gastfreundschaft und werden oft bei Festen und besonderen Anlässen serviert. Sie sind nicht nur ein süßer Abschluss der Mahlzeit, sondern auch ein Ausdruck der Freude am Teilen und Genießen.

Baklava-Cups mit Cheesecake-Füllung

Baklava Cheesecake

Klein, süß, crunchy. Wenn Cremigkeit auf Süße trifft, entsteht dieses wunderbare Dessert. Am liebsten genieße ich diese gefüllten Baklava-Cups mit ungesüßtem Schwarztee oder Safran-Minzetee.

Zubereitungszeit
25 Minuten plus
15 Minuten Backzeit

Ergibt 12 Stück

SIRUP
180 g Zucker
1 EL Zitronensaft

TEIG-CUPS
6 Blätter TK-Filoteig bzw. TK-Baklava-Teig, aufgetaut
3 EL zerlassener veganer Butterersatz (alternativ geschmacksneutrales Pflanzenöl)
120 g gemahlene Pistazien

CHEESECAKE-FÜLLUNG
400 g veganer Quark (alternativ veganer Frischkäse)
1 Pck. Vanillezucker
50 g Zucker
200 ml ungesüßte pflanzliche Sahne
2 EL Weizenmehl Type 405

DEKO (nach Belieben)
2 EL Pistaziencreme oder -mus
1 EL essbare getrocknete Rosenblütenblätter

AUSSERDEM
12er-Silikonmuffinform

1 Den Backofen auf 180 °C Ober-/Unterhitze vorheizen.

2 Für den Sirup **Zucker,** 100 ml Wasser und **Zitronensaft** in einem kleinen Topf verrühren, zum Kochen bringen und leicht köcheln lassen, bis sich der Zucker auflöst. Vom Herd nehmen und abkühlen lassen.

3 Für die Teig-Cups die **Filoteigblätter** dünn mit **Butterersatz** bestreichen, übereinanderlegen und in zwölf Quadrate schneiden. Die Teigquadrate in die Mulden der Muffinform legen, sodass sich Teig-Cups ergeben (die Teigspitzen dürfen herausragen). In den vorgeheizten Ofen (mittlere Schiene) geben und 5 Minuten goldbraun backen.

4 In der Zwischenzeit für die Cheesecake-Füllung alle **Zutaten** in eine Schüssel geben und mit den Quirlen des Handrührgeräts cremig aufschlagen.

5 Die Muffinform aus dem Ofen nehmen (diesen eingeschaltet lassen). Die gemahlenen **Pistazien** auf den Boden der Teig-Cups verteilen, die Cheesecake-Füllung daraufgeben, wieder in den Ofen geben und weitere 10 Minuten backen.

6 Aus dem Ofen nehmen, sofort mit **Zuckersirup** beträufeln und einziehen lassen, bis die Cups abgekühlt sind (das dauert 20–30 Minuten).

7 Die Baklava-Cups aus der Silikonform lösen und auf eine Servierplatte setzen. Nach Belieben mit **Pistaziencreme** und **Rosenblütenblättern** verzieren.

TIPP

Wer es weniger süß mag, kann den Schritt mit dem Zuckersirup weglassen und stattdessen etwas Agavendicksaft oder Ahornsirup über die Portionen träufeln. Falls du keine gemahlenen Pistazien bekommst, kann du auch Kerne kaufen und diese fein hacken.

Dattelbällchen Salted Caramel

Bilah

Für dieses libanesische Rezept ist es wichtig, Datteln von guter Qualität zu verwenden, da sie saftig sein müssen. Gute saftige Medjool-Datteln haben bereits einen Karamellgeschmack. Das Schönste an diesem Rezept ist, dass man die Dattelbällchen nach Lust und Laune verzieren kann, zum Beispiel in Schokolade tauchen und mit Rosenblüten dekorieren oder einfach in Kokosflocken wälzen.

Zubereitungszeit
20 Minuten

Ergibt 14-16 Stück

DATTELBÄLLCHEN

300 g entsteinte Medjool-Datteln
100 g gesalzene Cashewkerne (alternativ Pistazienkerne)
1 Prise Meersalz
1 Msp. gemahlener Zimt

DEKORATION
(nach Belieben)

50 g vegane Bitterschokolade (70 % Kakaoanteil)
1-2 EL essbare getrocknete Rosenblütenblätter
30 g Kokosraspel

1 Für die Dattelbällchen die **Medjool-Datteln** in den Standmixer geben und mixen, bis eine klebrige Konsistenz entsteht. Bei Bedarf etwas warmes Wasser dazugeben. Dann in eine Schüssel füllen.

2 Die **Cashewkerne** in einer Pfanne ohne Fett rösten. Danach entweder im Blitzhacker zerkleinern oder mit einem Messer fein hacken. Unter die Dattelmasse mischen, mit **Meersalz** und **Zimt** abschmecken und mit den Händen zu etwa 2 cm großen Kugeln formen.

3 Nach Belieben verzieren: **Bitterschokolade** in Stücke brechen, in eine Schüssel geben und über einem Wasserbad schmelzen. Die Dattelbällchen eintauchen (dafür am besten einen Holzspieß oder eine Gabel verwenden), dann mit **Rosenblättern** bestreuen oder in **Kokosraspeln** wälzen und im Kühlschrank mindestens 60 Minuten fest werden lassen.

TIPP

Statt gesalzener Cashewnüsse kann man auch Erdnüsse oder Mandeln verwenden. Ich bevorzuge die gesalzenen, weil die Kombination von salzig, süß und saftig ein unglaubliches Geschmackserlebnis ergibt.

1001-Löcher-Pfannkuchen

Baghrir

Diese nordafrikanischen Pfannkuchen, die besonders in Marokko beliebt sind, werden am liebsten mit süßen Aufstrichen und zerlassenem veganem Butterersatz zum Frühstück serviert. Charakteristisch sind die Lockerheit und Weichheit und vor allem die vielen Löcher, in die die Aufstriche fließen können, wodurch alles noch aromatischer wird.

Zubereitungszeit
ca. 30 Minuten plus
30 Minuten Ruhezeit

Für 4 Personen
(ergibt ca. 12 Stück)

TEIG
700 ml kohlensäurehaltiges Mineralwasser
250 g Weizenmehl Type 405
250 g Hartweizengrieß
1 Pck. Backpulver
1 Pck. Trockenhefe
1 Prise Salz

AUFSTRICHE
(nach Belieben und Wahl)
veganer Butterersatz oder Rosenbutter (siehe Seite 32)
Dattelsirup, Honig oder Dattel-Karamell-Sauce (siehe Seite 139)
Haselnussmus (z. B. Viotto-Haselnusspaste von Serayi) oder vegane Nuss-Nugat-Creme

1 Für den Teig erst das **Sprudelwasser,** dann die restlichen **Zutaten** in den Standmixer geben und 3 Minuten mixen, bis eine homogene, dickflüssige Masse entsteht. (Alternativ den Stabmixer verwenden.) In eine Schüssel füllen, abdecken und den Teig 30 Minuten ruhen lassen.

2 Zwei beschichtete Pfanne erhitzen (siehe Tipp), je eine Kelle Teig hineingeben, zerfließen lassen und nur auf einer Seite bei mittlerer Hitze etwa 3 Minuten backen. Die Oberfläche wird trockener, die Unterseite nimmt eine schöne leichte Bräunung an. Auf eine Platte geben und den restlichen Teig auf die gleiche Weise backen.

3 Nach Belieben mit **Butterersatz** oder **Rosenbutter** bestreichen und mit **Aufstrichen** verfeinern.

TIPP

Mein Geheimtipp: Bevor ich den Teig in die Pfanne gebe, lasse ich etwas Wasser hineintropfen. Wenn das Wasser perlt, hat die Pfanne die richtige Temperatur und die Pfannkuchen bekommen die schönste Farbe. Ich lasse also nach jedem ausgebackenen Baghrir kurz Wasser auf den Pfannenboden tropfen.

Gebratene Banane

Dodoş

Zubereitungszeit
10 Minuten

Für 4 Personen

BANANE
4 Bananen
1 EL Kokosöl
2 EL Ahornsirup (alternativ Dattelsirup oder Agavendicksaft)

TOPPING
1-2 EL Nussmus (z. B. Mandelmus)
1-2 EL Kokosflocken
1-2 EL gehackte Pistazien

1 Die **Bananen** schälen und längs halbieren.
2 Das **Kokosöl** in einer Pfanne erhitzen und die Bananen darin von beiden Seiten goldbraun anbraten. Den **Ahornsirup** über die Bananen gießen und karamellisieren.
3 Je zwei Bananenhälften auf Teller legen und nach Belieben toppen. Ich selbst liebe die Kombination aus **Nussmus, Kokosflocken** und **Pistazienstückchen.**

TIPP

Serviere dieses Gericht mit einer Kugel veganer Eiscreme! Die Kombination ist fantastisch.

Schokocrossies

Çikolata flakes

Zubereitungszeit
15 Minuten

Ergibt 20-24 Stück
200 g vegane Bitterschokolade (70 % Kakaoanteil)
10 g Kokosöl
60 g Cornflakes
80 g Mandelstifte
1-2 EL essbare getrocknete Rosenblütenblätter
1-2 EL gehackte Pistazien

1 Die **Schokolade** in Stücke brechen, in eine Schüssel geben und über einem Wasserbad schmelzen lassen. Das **Kokosöl** hinzufügen, dann **Cornflakes** und **Mandelstifte** untermischen.
2 Mit einem Teelöffel kleine Portionen auf einen Bogen Backpapier geben, mit **Rosenblütenblättern** und gehackten **Pistazien** dekorieren und fest werden lassen.

TIPP

Schokocrossies schmecken auch mit Gewürzen. Probiere mal Zimt oder Lebkuchengewürz, davon einfach etwas mit in die Schokolade rühren.

Dieses Dessert erinnert mich an meine Kindheit. Es gehörte zu den Gerichten, die mein großer Bruder, den ich liebevoll Dodoș genannt habe, mir immer zum Nachtisch servierte, weil es damals das erste und einfachste Gericht war, das er zubereiten konnte. Und ich liebe es bis heute!

Die Schokocrossies sind supereinfach zu machen und unglaublich lecker. Ich bereite sie auch oft als Mitbringsel für meine Lieben zu. Du kannst die kleinen Köstlichkeiten auch sehr gut einige Tage in einer Dose aufbewahren, aber meistens sind sie schnell weg, weil sie so lecker sind.

Dattel-Viotto-Riegel

Bar Khorma

Mit diesem persischen Rezept kannst du nach Herzenslust experimentieren, zum Beispiel die Riegel frei von raffiniertem Zucker herstellen oder mit Schokolade deiner Wahl verfeinern. Oder etwas hinzufügen oder weglassen, sowohl optisch als auch geschmacklich. Ich habe meinen Dattel-Viotto-Riegeln schon Salzstangen oder gefriergetrocknete Beeren hinzugefügt. Ein unglaublich leckerer Snack, der sich über mehrere Tage im Kühlschrank aufbewahren lässt, falls die Riegel nicht schon vorher weggenascht werden.

Zubereitungszeit
15 Minuten plus
20 Minuten Gefrierzeit

Ergibt 20 Riegel
50 g vegane Bitterschokolade (80 % Kakaoanteil)
20 entsteinte Medjool-Datteln
2 EL Nussmus (z. B. Viotto-Haselnusspaste von Serayi)
2 EL gehackte Haselnüsse
1 Prise Meersalzflocken

1 Falls verwendet, die **Schokolade** in Stücke brechen, in eine Schüssel geben und über einem Wasserbad langsam schmelzen lassen.
2 Währenddessen die **Datteln** nebeneinander zwischen Backpapier legen und mit dem Nudelholz flach rollen. Das obere Backpapier abziehen, die gewalzten Datteln (sie sollten nun fast eine durchgehende Schicht bilden) großzügig mit dem **Nussmus** bestreichen und mit den gehackten **Haselnüssen** bestreuen.
3 Die flüssige Schokolade dekorativ darüberträufeln und mit **Meersalzflocken** bestreuen. Mithilfe des Backpapiers auf ein Tablett ziehen und 20 Minuten ins Gefrierfach geben, bis die Schokolade fest ist.
4 Dann dattelweise in Riegel brechen und servieren oder im Kühlschrank aufbewahren.

TIPP

Probiere verschiedene Nussmuse! Die Süßigkeit schmeckt mit Erdnussmus ähnlich wie Erdnuss-Schoko-Riegel aus dem Supermarkt, ist aber weitaus gesünder und nahrhafter.

VIOTTO-HASELNUSSPASTE

Diese Haselnusspaste, die du über meinen Onlineshop bestellen kannst, besteht aus gerösteten Haselnüssen von der türkischen Schwarzmeerregion, die zu den besten der Welt zählen. Es ist pures, leicht stückiges Nussmus ohne Zusatzstoffe mit nur ganz wenig Zucker. Ich bin stolz darauf, dass Viotto 2023 den „PETA Food Award" für das beste Haselnussmus gewonnen hat.

glutenfrei

Küchlein mit flüssigem Kern

Izmir Bombası

Eine schokoladige Köstlichkeit aus der türkischen Stadt Izmir, die ihrem Namen alle Ehre macht, denn sie schlägt wirklich wie eine Bombe ein. Es gibt sie auch in den verschiedensten Variationen. Beißt du lieber in einen flüssigen Kern aus Schokolade, Viotto oder in eine cremige Pistazienfüllung? Kreiere deinen Lieblingskern!

Zubereitungszeit
25 Minuten plus
20 Minuten Ruhezeit und
5-6 Minuten Backzeit

Ergibt 14-16 Stück

TEIG
50 ml neutrales Pflanzenöl
10 g Zucker
1 Pck. Vanillezucker
250 g Weizenmehl Type 405 plus etwas zum Bemehlen

FÜLLUNG
je 1-2 EL vegane Nuss-Nugat-Creme, Pistaziencreme oder Viotto-Haselnusspaste von Serayi

DEKORATION
Puderzucker (nach Belieben)
einige kleine Minzeblättchen
1-2 EL Granatapfelkerne

TIPP

Dazu passt ein Klecks steif geschlagene Sahne. Vorher die Füllung (Nuss-Nugat-Creme, Pistaziencreme oder Viotto-Haselnusspaste) in den Kühlschrank stellen, damit die Konsistenz fester wird. Das erleichtert die Arbeit.

1 Für den Teig 100 ml warmes Wasser, **Pflanzenöl, Zucker** und **Vanillezucker** in eine Schüssel geben und verrühren. Nach und nach mit einem Kochlöffel das **Mehl** einarbeiten, bis eine gebundene Masse entsteht, dann per Hand weiterkneten, bis der Teig glatt ist. Mit Frischhaltefolie abdecken und bei Raumtemperatur 20 Minuten ruhen lassen.

2 Den Backofen auf 250 °C Ober-/Unterhitze vorheizen.

3 Ein Backblech mit Backpapier auslegen (das Backblech wird nicht schmutzig und die Küchlein kleben nicht am Blech).

4 Den Teig auf der leicht **bemehlten** Arbeitsfläche mit den Händen zu einer Rolle formen und in 14–16 gleich große Stücke (à 25–30 g) schneiden. Die Teigportionen zu Kugeln formen, mit den Händen flach drücken und mit dem Nudelholz dünn ausrollen. Vorsicht! Da es sich um einen öligen Teig handelt, kann er leicht reißen.

5 Einen kleinen Klecks **Nuss-Nugat-Creme, Pistaziencreme** oder **Viotto-Haselnusspaste** in die Mitte geben. Den Teigrand darüber mittig verschließen, sodass wieder eine Kugel entsteht. Mit der Naht nach unten auf das vorbereitete Backblech setzen, in den vorgeheizten Ofen (mittlere Schiene) schieben, die Temperatur auf 220 °C herunterschalten und 5–6 Minuten goldgelb backen. Den Backvorgang beobachten und sobald die Küchlein eine leicht bräunliche Farbe annehmen, aus dem Ofen nehmen.

6 Die Küchlein auf eine Servierplatte geben, nach Belieben mit **Puderzucker** bestreuen und mit **Minze** und **Granatapfelkernen** garniert warm servieren.

Dattel-Karamell-Sauce

Karamelli Hurma Sosu

Ich liebe es, ein Glas Dattel-Karamell-Sauce zuzubereiten und sie nach Belieben über Desserts, Pfannkuchen, Kuchen oder mein leckeres Pistazien-BananenBrot (siehe Seite 148) zu geben. Du kannst damit auch deinen Kaffee ohne industriellen Zucker genießen. Am besten eignen sich Medjool-Datteln mit ihrem herrlichen Karamellgeschmack.

Zubereitungszeit
10 Minuten (Sauce)

Für 4 Personen

SAUCE
150 g entsteinte Medjool-Datteln
2 EL Mandelmus
100 ml ungesüßter Pflanzendrink, bei Bedarf etwas mehr
1 TL Vanillepaste (alternativ 2 Pck. Vanillezucker)
1 Prise Meersalz

ZUM SERVIEREN

Variante 1
Obstsalat oder Obstteller aus frischen Früchten nach Wahl
kleine Minzeblättchen

Variante 2
4 Kugeln vegane Vanilleeiscreme oder eine andere vegane Eissorte nach Wahl
2 EL gehackte Nüsse nach Wahl (z. B. Walnusskerne oder geröstete Mandelkerne)

Variante 3
1 Rezeptmenge 1001-Löcher-Pfannkuchen (siehe Seite 131)

1 Für die Sauce **Datteln, Mandelmus, Pflanzendrink, Vanillepaste** und **Meersalz** im Standmixer zu einer glatten Creme mixen. (Alternativ den Stabmixer verwenden.)
2 Sollte die Creme zu fest sein, einfach etwas mehr **Pflanzendrink** hinzufügen. Mit **Meersalz** abschmecken. Fertig!
3 Zum Servieren eine der Varianten aussuchen oder neue Kombinationen kreieren und genießen.

TIPP

Wenn die Datteln nicht weich genug sind, in einen Topf geben, knapp mit Wasser bedecken und 5 Minuten kochen. Dann abgießen und weiterverarbeiten.

MEDJOOL-DATTELN

Datteln werden auch „Brot der Wüste“ genannt. Es gibt verschiedene Sorten dieser leckeren, gesunden und nahrhaften Energiespender, aber Medjool-Datteln, auch „Königin der Datteln“ genannt, sind etwas Besonderes. Sie sind deutlich größer, vor allem dickfleischiger und haben eine feinfruchtige Süße mit einem wunderbar karamelligen Aroma. Sie stammen ursprünglich aus dem Süden Marokkos und werden heute überall im Nahen Osten und auch in Afrika angebaut. Medjool-Datteln sind etwas teurer als andere, denn es dauert in der Regel 7 Jahre, bis die Palme Früchte trägt (statt 3–5 Jahre), und auch der Transport ist aufwendiger, weil sie recht empfindlich sind. Es lohnt sich!

glutenfrei

Haselnuss-Croissant

Kurwasan

Westliche Liebe trifft auf orientalischen Genuss. Das Ergebnis sind diese schnellen libanesischen Haselnuss-Croissants. Zum Frühstück, Nachtisch oder Brunch ein Genuss!

Zubereitungszeit
10 Minuten plus 10–15 Minuten Backzeit und Abkühlzeit

Für 4 Personen
1 Rolle frischer Blätterteig (270 g; aus dem Kühlregal)
5–6 EL Haselnussmus (z. B. Viotto-Haselnusspaste von Serayi) plus etwas zum Garnieren
½ TL gemahlener Zimt
3 EL ungesüßter Pflanzendrink
2 EL gemahlene Haselnüsse
Puderzucker
6 Haselnusskerne

1. Den Backofen auf 180 °C Ober-/Unterhitze vorheizen.
2. Den **Blätterteig** ausrollen und in sechs gleich große Dreiecke schneiden.
3. Das **Haselnussmus** gleichmäßig auf den Teigdreiecken verstreichen, mit **Zimt** bestreuen und zur Teigspitze hin aufrollen. Teiglinge zu Hörnchen formen, auf ein mit Backpapier ausgelegtes Backblech legen, dann mit **Pflanzendrink** bestreichen und mit gemahlenen **Haselnüssen** bestreuen.
4. In den vorgeheizten Ofen geben und 10–15 Minuten goldbraun backen.
5. Aus dem Ofen nehmen und abkühlen lassen. Zum Servieren mit **Puderzucker** bestreuen, einen kleinen Klecks **Haselnussmus** auf die Croissants geben und mit einer **Haselnuss** garnieren.

TIPP

Um die Viotto-Haselnusspaste noch cremiger zu machen, mit etwas Pflanzenöl mischen. Wenn du sie gut verrührst, lässt sie sich noch besser verstreichen. Das Gleiche gilt für andere Nussmuse oder -cremes. Du kannst deine Croissants auch mit anderen Zutaten füllen. Pistaziencreme, Mandelcreme oder vegane Nuss-Nugat-Creme schmecken ebenfalls sehr gut.

Zitronenkuchen mit Zitronen-Zucker-Guss

Limonlu Kek

Ich erinnere mich an die Ernte im Urlaub, wo ein Zitronenbaum neben dem anderen stand. Der intensive Duft reicht noch bis hierhin. Voller Freude pflückten wir die Zitronen – und der Höhepunkt war ein Kuchen wie dieser, der auch noch ganz schnell gemacht ist.

Zubereitungszeit
15 Minuten plus 20–25 Minuten Backzeit und Abkühlzeit

Ergibt 12 Stücke

TEIG
300 g Weizenmehl Type 405
20 g Speisestärke
1 Pck. Backpulver
150 g Zucker
50 g brauner Zucker
1 Msp. gemahlene Vanille
1 Prise Salz
250 ml ungesüßter Pflanzendrink (z. B. Soja- oder Haferdrink)
110 g geschmacksneutrales Pflanzen- oder Rapsöl plus etwas zum Einfetten
4 EL Zitronensaft
3 TL fein abgeriebene Biozitronenschale

ZITRONEN-ZUCKER-GUSS
150 g Puderzucker
2 EL Zitronensaft

ZUM DEKORIEREN (nach Belieben)
1 Biozitrone
einige kleine Minzeblättchen

AUSSERDEM
Springform (Ø ca. 26 cm)

1 Den Backofen auf 180 °C Ober-/Unterhitze vorheizen. Die Backform **einfetten** oder mit Backpapier auslegen.

2 Für den Teig **Mehl, Speisestärke, Backpulver,** beide **Zuckersorten, Vanille** und **Salz** in einer großen Schüssel mischen. **Pflanzendrink, Öl, Zitronensaft** und **Zitronenschale** in einer anderen Schüssel gut mischen, zu den trockenen Zutaten geben und mit einem Kochlöffel zu einem homogenen Teig verrühren. In die vorbereitete Form füllen, glatt streichen und im vorgeheizten Ofen 20–25 Minuten goldbraun backen.

3 Form aus dem Ofen nehmen, Kuchen erkalten lassen, aus der Form lösen und auf eine Kuchenplatte setzen.

4 Für den Zitronen-Zucker-Guss den **Puderzucker** in eine Schüssel geben, **Zitronensaft** hinzufügen und zu einem Guss verrühren. Den Kuchen zügig damit überziehen.

5 Nach Belieben die **Biozitrone** in dünne Scheiben schneiden, diese halbieren oder vierteln, mit **Minzeblättchen** dekorativ auf den Kuchen legen und den Guss fest werden lassen.

TIPP

Der Kuchen schmeckt statt mit Zitrone auch mit Orangensaft und Orangenschale unglaublich lecker. Du kannst natürlich auch eine Kastenform verwenden.

Spinatkuchen

Ispanaklı Kek

Gemüse im Kuchen? Oh ja! Den Spinat schmeckst du nicht – versprochen! Aber was du schmecken wirst, ist pure Saftigkeit mit viel Geschmack. Der Spinat sorgt für die grüne Farbe und in Kombination mit den Granatapfelkernen entsteht ein Farbenspiel aus Juwelen.

Zubereitungszeit
30 Minuten plus Abkühlzeit, ca. 40 Minuten Backzeit und Auskühlzeit

Ergibt 12 Stücke

KUCHEN
300 g TK-Blattspinat, in einem Topf aufgetaut
175 ml Sonnenblumenöl plus etwas zum Einfetten
200 g Zucker
2 Pck. Vanillezucker
400 ml Hafermilch
400 g Weizenmehl Type 550
50 g Speisestärke
2 Pck. Backpulver

SAHNECREME
300 g veganer Quark (alternativ veganer Frischkäse)
200 ml ungesüßte, aufschlagbare pflanzliche Sahne
2 Pck. Vanillezucker
2 Pck. Sahnesteif

TOPPING
2 EL Granatapfelkerne

AUSSERDEM
Springform (Ø 26 cm)

1 Für den Kuchen den aufgetauten **Spinat** im Topf einmal ganz kurz aufkochen. Vom Herd nehmen, in ein Sieb geben und die Flüssigkeit gut ausdrücken. In einen Mixbecher füllen, mit dem Stabmixer pürieren und zum Abkühlen beiseitestellen.
2 Inzwischen den Backofen auf 170–180 °C Umluft vorheizen. Den Boden der Springform mit Backpapier auslegen und den Rand mit **Öl** einfetten.
3 **Öl, Zucker** und **Vanillezucker** in eine große Rührschüssel geben und mit den Quirlen des Handrührgeräts aufschlagen. Die **Hafermilch** hinzugeben und weiterrühren. Das **Mehl** mit **Speisestärke** und **Backpulver** mischen und löffelweise bei niedriger Stufe einarbeiten. Zum Schluss den pürierten Spinat vorsichtig unterheben.
4 Den Teig in die vorbereitete Backform füllen, in den vorgeheizten Ofen (mittlere Schiene) geben und etwa 40 Minuten backen, dabei gegen Ende der Backzeit mit einem Holzspieß eine Garprobe machen.
5 Aus dem Ofen nehmen, den Kuchen erkalten lassen und aus der Form lösen.
6 In der Zwischenzeit für die Sahnecreme **Quark, Sahne, Vanillezucker** und **Sahnesteif** in eine Rührschüssel geben, mit den Quirlen des Handrührgeräts cremig rühren und bis zur Verwendung in den Kühlschrank stellen.
7 Den Kuchen auf eine Tortenplatte setzen, von der Oberfläche des Kuchens eine etwa 1 cm dünne Schicht abschneiden und diese mit den Händen in eine Schüssel bröseln.
8 Den Spinatkuchen rundum mit der Sahnecreme bestreichen und mit den Kuchenbröseln bedecken. Abschließend mit den **Granatapfelkernen** garnieren und servieren.

TIPP Du kannst den Kuchen zusätzlich mit Pistazienkernen bestreuen, die ein schönes nussiges Aroma hinzufügen.

Mit Pistazien-Engelshaar gefüllte Schokolade

Luxus Çikolata

An dieser gefüllten Schokolade kommt kaum ein Schokoladenliebhaber vorbei! Der Trend begann in Dubai, breitete sich über den ganzen Nahen Osten aus und entfachte ein regelrechtes Fieber nach dieser Köstlichkeit. Die Füllung besteht aus Pistaziencreme und für den Biss sorgen Engelshaar-Teigfäden, auch Kadayıf oder Kadaifi genannt. Das sind sehr dünne Teigfäden, aus denen gern Süßspeisen wie Künefe zubereitet werden. Nach dem Rösten haben sie eine unglaubliche Knusprigkeit.

Zubereitungszeit
15–20 Minuten plus Kühlzeit

Für 4 Personen
200 g vegane Bitterschokolade (70 % Kakaoanteil)
1 EL veganer Butterersatz
100 g frische Kadayıf (frische Engelshaar-Teigfäden)
150 g Pistaziencreme (oder andere Nusscreme wie Viotto-Haselnusspaste von Serayi)
1 Prise Salz

AUSSERDEM
4 Silikon-Schokoladenformen oder 1 große Silikon-Schokoladenform (siehe Tipp)

1 **Schokolade** in Stücke brechen, in eine Schüssel geben, auf ein heißes Wasserbad setzen und zum Schmelzen bringen. Die Hälfte der Schokolade zu gleichen Teilen in die vier Schokoladenformen gießen und durch Schwenken auch am Rand verteilen, sodass ein stabiler Schokoladenrand entsteht. In den Kühlschrank stellen und wenige Minuten aushärten lassen.

2 Inzwischen den **Butterersatz** in einer Pfanne zerlassen. Die **Kadayıf** mit einem Messer oder einer Schere klein schneiden, in die Pfanne geben und unter gelegentlichem Rühren goldbraun anrösten.

3 In eine Schüssel geben, **Pistaziencreme** und **Salz** hinzufügen, vermengen und etwas abkühlen lassen. Die cremige Füllung gleichmäßig in den Schokoladenmulden verteilen. Die restliche flüssige Schokolade darübergießen und damit die Füllung versiegeln.

4 In den Kühlschrank stellen und fest werden lassen. Die gefüllten Schokoladen aus den Silikonformen lösen, auf Dessertteller geben und genießen.

TIPP

Dekoriere deine Schokolade nach Lust und Laune mit Pistazienstückchen, Meersalzflocken oder anderen Schönheiten. Wenn du keine Silikon-Schokoladenformen hast, kannst du auch Silikon-Muffinformen verwenden. Sind auch die nicht vorhanden, tut es ersatzweise eine runde Gefrierdose, in der man dann eine große gefüllte Schokolade herstellt und diese später anschneidet.

Pistazien-Bananenbrot

Nun Moz Peste

Zum Brunch, Frühstück oder Nachtisch: Es gibt so viele Arten, Bananenbrot zu backen, aber dieses orientalische Pistazien-Bananenbrot ist unglaublich köstlich, süß, saftig, locker. Überreife Bananen kommen hier am besten zur Geltung. Denn je dunkler die Frucht, desto süßer ist sie.

Zubereitungszeit
15 Minuten plus
ca. 55 Minuten Backzeit

Für 6 Personen
80 g Pistazienkerne (alternativ Walnusskerne)
200 g Zartbitter-Schokotropfen (alternativ Kuvertüre)
3 reife Bananen (nach Belieben 1 weitere Banane zum Dekorieren)
80 ml geschmacksneutrales Raps- oder Pflanzenöl plus etwas mehr zum Einfetten
1 EL Apfelmark (Apfelmus)
90 g brauner Zucker
200 g Dinkelmehl Type 630
1 Pck. Backpulver
1 Prise Salz
1 Vanillemark
½ TL gemahlener Zimt

AUSSERDEM
Kastenform (23 × 10 cm)

1. Den Backofen auf 180 °C Ober-/Unterhitze vorheizen. Die Kastenform **einfetten.**
2. Die **Pistazien** klein hacken. Falls **Kuvertüre** verwendet wird, diese ebenfalls klein hacken.
3. **Bananen** schälen, in eine Schüssel geben und mit einer Gabel zerdrücken. **Öl** und **Apfelmus** hinzufügen und vermengen. **Zucker, Mehl, Backpulver, Salz, Vanillemark** und **Zimt** dazugeben und verrühren. Pistazien und Schokotropfen oder gehackte Kuvertüre unterheben.
4. Den Teig in die vorbereitete Kastenform geben. Für die Dekoration nach Belieben eine weitere **Banane** schälen, längs halbieren und mit den Schnittflächen nach oben auf die Teigoberfläche legen.
5. In den vorgeheizten Ofen (mittlere Schiene) geben und etwa 55 Minuten backen. Gegen Ende der Backzeit eine Stäbchenprobe machen, um zu testen, ob das Bananenbrot fertig gebacken ist.
6. Aus dem Ofen nehmen, abkühlen lassen, dann aus der Form lösen, in Stücke schneiden und servieren.

TIPP

Das Bananenbrot schmeckt mit verschiedenen Aufstrichen besonders gut: Probiere es mal mit Konfitüre, Pistaziencreme, Nussmus, veganer Nuss-Nugat-Creme oder mit meiner leckeren Dattel-Karamell-Sauce (siehe Seite 139)!

Chiapudding mit Kokos und Granatapfel

Nar Pudding

Dieser cremige Kokos-Granatapfel-Pudding ist die perfekte Mischung. Abends kurz anrühren und am nächsten Tag zum Frühstück oder als Dessert genießen!

Zubereitungszeit
15 Minuten plus Quellzeit über Nacht

Für 4 Personen

CHIAPUDDING
40 g Chiasamen
400 ml Kokosmilch oder anderer ungesüßter Pflanzendrink
1 TL Vanillepaste
2 EL Ahornsirup

FRUCHTTOPPING
300 g TK-Granatapfelkerne (alternativ TK-Himbeeren oder TK-Mango), aufgetaut
2 EL Granatapfelkonzentrat (Nar ekşisi)
3 EL Ahornsirup (alternativ Dattelsirup oder Agavendicksaft)

ZUM DEKORIEREN
2 EL Granatapfelkerne
1 EL Kokosflocken
einige Minzeblätter

1. **Chiasamen, Kokosmilch, Vanillepaste** und **Ahornsirup** in einer Schüssel vermischen, abdecken und über Nacht im Kühlschrank quellen lassen.
2. Am nächsten Tag für das Fruchttopping die aufgetauten **Granatapfelkerne** in einen Mixbecher geben und mit dem Stabmixer fein mixen. **Granatapfelkonzentrat** und **Ahornsirup** zugeben und noch mal kurz mixen.
3. Chiapudding auf vier Gläser verteilen und das erfrischende Fruchttopping darübergeben. Mit **Granatapfelkernen, Kokosflocken** und **Minzeblättern** dekorieren und servieren.

TIPP

Beim Kauf von Granatapfelkonzentrat darauf achten, dass es aus 100 Prozent Granatapfel besteht und keine weiteren Zutaten wie Zucker, Aromen oder Konservierungsstoffe enthalten sind. Echtes Nar ekşisi besteht aus nur einer einzigen Zutat: Granatapfel. Falls du vergessen hast, die Chiasamen am Abend vorher anzusetzen, diese mindestens 60 Minuten quellen lassen.

glutenfrei, frei von raffiniertem Zucker

Schneller Schoko-Traumkuchen mit Himbeeren

Rüya Kek

Ein Traum von Schokoladenkuchen mit Zutaten, die jeder im Vorratsschrank hat! Wir alle kennen diesen Moment: Man sitzt zu Hause und hat plötzlich Lust auf einen unglaublich saftigen Schokokuchen. Aber wenn man Lust auf etwas Bestimmtes hat, muss es auch besonders schnell gehen. Abgesehen davon, dass dann meist auch noch die passenden Zutaten in der Küche fehlen. Mit diesem Rezept hast du aber alles, was sich dein schokoliebendes Herz wünscht!

Zubereitungszeit
10–15 Minuten plus 30–40 Minuten Backzeit und Abkühlzeit

Ergibt 8 Stücke

TEIG
150 g Himbeeren (nach Belieben)
200 g Weizenmehl Type 405
½ Pck. Backpulver
40 g Kakaopulver
160 g Zucker oder Kokosblütenzucker
1 Pck. Vanillezucker
250 ml kohlensäurehaltiges Mineralwasser
100 ml geschmacksneutrales Rapsöl plus etwas zum Einfetten

SCHOKOGLASUR (nach Belieben)
100 g Zartbitterkuvertüre (nach Belieben)
10 g Kokosöl

AUSSERDEM
Springform (Ø ca. 20 cm)

1 Den Backofen auf 180 °C Ober-/Unterhitze vorheizen. Die Springform mit etwas **Öl** einfetten oder mit Backpapier auslegen.
2 Für den Teig, falls verwendet, die **Himbeeren** waschen und abtropfen lassen.
3 **Mehl, Backpulver, Kakao, Zucker** und **Vanillezucker** in einer großen Schüssel vermischen. **Mineralwasser** und **Rapsöl** hinzugeben und mit einem Kochlöffel vermengen, bis ein glatter Teig entsteht. Achtung, vegane Kuchen mögen kein langes Rühren!
4 Die Himbeeren unterheben. Den Teig in die vorbereitete Form geben und glatt streichen. In den vorgeheizten Ofen (mittlere Schiene) schieben und 30–40 Minuten backen. Gegen Ende der Backzeit eine Stäbchenprobe machen, wenn kein Teig am Stäbchen kleben bleibt, ist der Kuchen fertig.
5 Aus dem Ofen nehmen, abkühlen lassen und den Kuchen aus der Form lösen.
6 Für noch mehr Schokoladengefühl nach Belieben die **Zartbitterkuvertüre** im Wasserbad schmelzen. Das **Kokosöl** hinzufügen, damit die Schokolade noch glänzender wird. Den Kuchen mit der Schokoglasur überziehen, fest werden lassen und genießen.

TIPP Nach meiner Erfahrung haben Öle oft einen zu starken Eigengeschmack und ruinieren daher den Kuchen. Deshalb unbedingt ein geschmacksneutrales Öl verwenden. Je mehr Himbeeren, desto saftiger schmeckt der Kuchen. Man kann die Himbeeren auch weglassen, dann wird der Kuchen aber etwas trockener. Ich verwende auch gern gefrorene Beeren. Probiere mal Blaubeeren!

Tahin-Coffee-Shake

Salab al Tahini

Frühmorgens oder mittags einen leckeren Tahin-Coffee-Shake genießen und dabei an den Sesamkörnern knabbern ... Vielleicht noch einen selbst gebackenen Cookie hineintunken, zum Beispiel einen meiner Tahin-Cookies (siehe Seite 164). Auch perfekt für eine kleine Pause am Nachmittag, wenn man etwas Süßes haben und Energie tanken möchte, aber keinen großen Hunger hat.

Zubereitungszeit
10 Minuten

Für 2 Personen
2 TL Sesamsaat
etwas Agavendicksaft
200 ml frisch gebrühter Kaffee
3 EL Ahornsirup (alternativ Agavendicksaft)
200 ml gesüßter pflanzlicher Vanilledrink (oder anderer gesüßter Pflanzendrink)
40 g Tahin (alternativ Pistaziencreme)
3 Eiswürfel
1 Prise Salz

1. Die **Sesamsaat** kreisförmig auf einen kleinen Teller streuen. Den Rand von zwei Kaffeebechern oder -gläsern mit etwas **Agavendicksaft** bestreichen und in den Sesam drücken.
2. Den frisch gebrühten **Kaffee** in die Becher geben.
3. **Ahornsirup, Vanilledrink, Tahin, Eiswürfel** und **Salz** in den Standmixer geben und alles zu einem cremigen Shake mixen.
4. Über den Kaffee gießen, den Farbverlauf entstehen lassen und genießen.

TIPP

Dieses Rezept kann auch variiert werden, indem Tahin durch ein anderes Nussmus ersetzt wird. Pistazien- oder Haselnusscreme schmeckt ebenso traumhaft.

Orientalischer Pfirsich-Crumble

Şeftali Crumble

Ein einfaches und schnelles Rezept, das megagut schmeckt. Am besten schmeckt der Crumble, wenn er heiß aus dem Ofen kommt und mit kalter Eiscreme serviert wird.

Zubereitungszeit
15 Minuten plus
25–30 Minuten Backzeit

Für 4 Personen
200 g getrocknete Aprikosen
50 g entsteinte Datteln
4 große Pfirsiche
Saft von 1 Zitrone
100 g veganer Butterersatz plus etwas zum Einfetten
90 g brauner Zucker (alternativ Ahorn- oder Dattelsirup)
50 g Dinkelmehl Type 630
100 g Haferflocken
1 Prise gemahlener Zimt
1 TL gemahlener Kardamom
1 Prise Salz
2 Kugeln vegane Mandel- oder Walnusseiscreme

1. Den Backofen auf 180 °C Ober-/Unterhitze vorheizen.
2. **Aprikosen** und **Datteln** klein schneiden. Die **Pfirsiche** schälen, in Würfel schneiden und mit dem **Zitronensaft** beträufeln. Aprikosen und Datteln untermischen.
3. Eine Auflaufform mit **Butterersatz** einfetten und die Fruchtmischung hineingeben.
4. **Butterersatz, Zucker, Mehl, Haferflocken, Zimt, Kardamom** und **Salz** in eine Schüssel geben und zu krümeligen Streuseln mischen. Über die Fruchtmischung streuen, in den vorgeheizten Ofen (mittlere Schiene) geben und 25–30 Minuten backen, bis die Kruste goldgelb gebräunt ist.
5. Aus dem Ofen nehmen und heiß aus der Form servieren. Die **Eiskugeln** dazugeben und genießen.

TIPP

Mit Birnen, Blaubeeren oder Erdbeeren statt Pfirsichen schmeckt der Crumble ebenfalls unglaublich gut.

TIPP Alternativ können natürlich andere Nusssorten verwendet werden. Walnüsse oder Mandeln schmecken ebenfalls sehr gut. Wer keine Nüsse verträgt, kann die gemahlenen und gehackten Nüsse im Teig durch Mehl ersetzen.

Orientalischer Apfelkuchen

Simbim Keke

Den Teig anrühren, ab in die Springform und schnell noch das Frosting zubereiten – fertig! Mit diesem orientalischen Apfelkuchen duftet es bei dir zu Hause nach Wohlfühlen. Als ich mich über diesen gelungenen Kuchen freute, habe ich ihn kurzerhand einfach „Simbim Keke" genannt. Ich fand, dass diese Wortschöpfung bestens passte.

Zubereitungszeit
20–25 Minuten plus ca. 30 Minuten Backzeit

Ergibt 12 Stücke

TEIG

- 150 g veganer Buttterersatz plus etwas zum Einfetten
- 3 mittelgroße Äpfel (am besten leicht säuerlich im Geschmack)
- 1 TL gemahlener Zimt
- 2 EL Apfelmark (Apfelmus)
- 150 g brauner Zucker
- 50 ml geschmacksneutrales Raps- oder Pflanzenöl
- 100 g Weizenmehl Type 405
- 100 g Dinkelmehl Type 630
- 2 TL Backpulver
- 100 g gemahlene Haselnüsse
- 65 g gehackte Haselnüsse

FROSTING

- 300 g veganer Frischkäse
- 50 g Puderzucker
- 1 Pck. Vanillezucker
- 2 EL Zitronensaft

ZUM DEKORIEREN

- 1–2 EL essbare getrocknete Rosenblütenblätter
- 1–2 EL geröstete Haselnusskerne

AUSSERDEM

Springform (Ø ca. 22–24 cm)

1 Den Backofen auf 180 °C Ober-/Unterhitze vorheizen. Die Springform mit **Butterersatz** einfetten.

2 Für den Teig die **Äpfel** schälen und in kleine Würfel schneiden. 20 g vom **Butterersatz** in einem Topf zerlassen und die Apfelwürfel darin weich dünsten, dann den **Zimt** dazugeben und zum Abkühlen in eine Schüssel füllen. Den restlichen **Butterersatz** im gleichen Topf zerlassen und vom Herd nehmen.

3 **Apfelmark** und **Zucker** in eine Schüssel geben und mit den Quirlen des Handrührgeräts schaumig rühren. Flüssigen Butterersatz, **Öl** und 50 ml **Wasser** einrühren, dann beide **Mehle** und **Backpulver** einarbeiten. Zum Schluss abgekühlte Äpfel sowie gemahlene und gehackte **Haselnüsse** unterheben.

4 Den Teig in die vorbereitete Springform füllen, glatt streichen, in den vorgeheizten Ofen (mittlere Schiene) geben und etwa 30 Minuten backen. Gegen Ende der Backzeit eine Stäbchenprobe machen, wenn kein Teig am Stäbchen kleben bleibt, ist der Kuchen fertig.

5 Während der Backzeit für das Frosting **Frischkäse** und **Puderzucker** in einer Schüssel mit den Quirlen des Handrührgeräts schaumig rühren. **Vanillezucker** und **Zitronensaft** einrühren. Das Frosting kalt stellen.

6 Die Springform aus dem Ofen nehmen, den Kuchen abkühlen lassen, dann aus der Form lösen, auf eine Kuchenplatte setzen und rundum mit dem Frosting bestreichen. Zum Schluss mit **Rosenblättern** und **Haselnüssen** verzieren und servieren.

Wassermelone-Minze-Sorbet

Sorbe

An warmen Sommerabenden, wenn man mit der Familie draußen sitzt, die Grillen zirpen hört und ein Glas Çay (schwarzer Tee) trinkt, ist ein Sorbet aus Wassermelone und Minze einer der erfrischendsten Momente, die mich an Sommer und Kindheit erinnern. Was dieses Geschmackserlebnis noch deutlicher verstärkt, ist Sumach, das von Natur aus eine zitronige und salzige Note hat. In Kombination mit der hinzugefügten Süße und dem erfrischenden Geschmack der Wassermelone wird daraus ein Aroma, das man unbedingt erleben muss.

Zubereitungszeit
15 Minuten plus
3–4 Stunden Gefrierzeit

Für 4 Personen

SORBET
2 Biolimetten
(alternativ Biozitronen)
90 g Kokosblütenzucker
½ TL Sumach
10 g Minze
1 ½ kg Wassermelone

ZUM DEKORIEREN
einige kleine Minzeblätter
4 Biolimettenscheiben

1 Für das Sorbet die **Limetten** waschen, die Schalen fein abreiben und den Saft auspressen. Limettensaft und Limettenabrieb mit **Kokosblütenzucker** und 140 ml Wasser in einen Topf geben und unter Rühren erhitzen, bis der Zucker aufgelöst ist. **Sumach** hinzufügen und abkühlen lassen.
2 In der Zwischenzeit die **Minze** waschen, trocken schütteln und die Blätter hacken. Das **Wassermelonenfruchtfleisch** von der Schale trennen, entkernen und in kleine Stücke schneiden. Beides in den Standmixer geben und pürieren. Die Limettensaftmischung hinzufügen und nochmals pürieren, bis eine glatte Konsistenz entsteht. (Alternativ portionsweise in einen Mixbecher geben und mit dem Stabmixer pürieren.)
3 Die Masse in eine breite Gefrierdose geben und ins Gefrierfach stellen. Nach etwa 60 Minuten mit einer Gabel auflockern und noch 2–3 Stunden gefrieren.
4 Das Sorbet auf vier Gläser aufteilen, mit **Minze** und **Limettenscheiben** dekorieren und servieren.

TIPP

Statt Kokosblütenzucker können auch Alternativen wie Ahornsirup oder Agavendicksaft verwendet werden.

glutenfrei, frei von raffiniertem Zucker

Milchreis aus dem Backofen

Sütlaç

Jeder liebt gekochten Milchreis. Aber hast du schon mal gebackenen Milchreis mit einer goldbraunen Kruste probiert? Wenn nicht, dann ist es Zeit für eines meiner absoluten Lieblingsgerichte aus der Kindheit. Sütlaç schmeckt für mich nach Wärme und Zu-Hause-Ankommen.

Zubereitungszeit
15 Minuten plus ca. 25 Minuten Garzeit, 25–30 Minuten Backzeit und mind. 60 Minuten Abkühlzeit

Für 6 Personen

MILCHREIS
65 g Rundkornreis
3 EL Speisestärke
1 l ungesüßter Pflanzendrink (3,8 % Fett; z. B. Haferdrink)
175 g Zucker
1 TL Vanillepaste (alternativ 2 Pck. Vanillezucker)

ZUM DEKORIEREN
½ TL gemahlener Zimt
1–2 EL gehackte Pistazien oder Pistaziencreme
1 EL essbare getrocknete Rosenblütenblätter (nach Belieben)

AUSSERDEM
6 ofenfeste Schalen (am besten Tonschalen)

1 Für den Milchreis den **Reis** mit 400 ml Wasser in einen Topf geben, zum Kochen bringen und bei niedriger Hitze etwa 25 Minuten leicht köcheln lassen.
2 Den Backofen auf 200 °C Ober-/Unterhitze vorheizen.
3 **Speisestärke** in eine Schale geben und mit 3–4 EL **Pflanzendrink** verrühren. Restlichen **Pflanzendrink** zum Reis geben und die Stärkemischung einrühren. **Zucker** und **Vanillepaste** hinzufügen, auf die niedrigste Stufe zurückschalten und unter Rühren kochen, bis der Reispudding eindickt.
4 Reispudding in sechs ofenfeste Schalen (am authentischsten sind Tonschalen) füllen und auf ein Backblech stellen.
5 In den vorgeheizten Ofen (oberste Schiene) schieben, so viel heißes Wasser auf das Backblech gießen, dass die Schalen etwa 1 cm hoch darin stehen, und 25–30 Minuten backen, bis sich an den Oberflächen braune Bläschen bilden.
6 Herausnehmen, mindestens 60 Minuten bei Raumtemperatur auskühlen lassen und am besten über Nacht ziehen lassen, so schmeckt der Milchreis am besten.
7 Mit **Zimt, Pistazien** oder **Pistaziencreme** und nach Belieben mit **Rosenblüten** dekorieren und servieren.

TIPP

Diese Art der Zubereitung ist traditionell und kann nach Belieben verfeinert werden. Manchmal gebe ich noch 1 TL gemahlenen Zimt in den Milchreis, gern auch Kardamom oder Lebkuchengewürz. Deiner Kreativität sind hier keine Grenzen gesetzt.

glutenfrei

Tahin-Cookies

Tahinli Kurabiye

Es gibt nichts Besseres als frisch gebackene warme Kekse mit zartschmelzender Schokolade und Tahin. In einen Pflanzendrink oder ein Glas Çay (schwarzer Tee) tunken und genießen! Das Geheimnis dieser Kekse ist, dass der Butterersatz nicht einfach geschmolzen, sondern goldbraun geröstet wird. Die ganze Küche wird duften!

Zubereitungszeit
10 Minuten plus mind. 30 Minuten Kühlzeit und ca. 10 Minuten Backzeit

Ergibt 12 große Cookies
170 g veganer Butterersatz
200 g vegane Bitterschokolade (70 % Kakaoanteil)
100 g weißer Zucker
150 g brauner Zucker
1 EL Apfelmark (Apfelmus)
1 EL Tahin
1 TL gemahlene Vanille
280 g Weizenmehl Type 405
1 TL Backpulver
1 EL Speisestärke
1 Prise Salz

TIPP

Statt Tahin kann nach Belieben helles Mandelmus oder andere Nussmuse verwendet werden.

1 Den **Butterersatz** in einer Pfanne zerlassen und goldbraun rösten, bis er ein nussiges Aroma entfaltet – das ist das Geheimnis der leckersten Kekse der Welt. In eine Schüssel geben und etwas abkühlen lassen.
2 Inzwischen die **Schokolade** grob hacken.
3 Beide **Zuckersorten** in die Schüssel zum Butterersatz geben und verrühren. **Apfelmark, Tahin** und **Vanille** hinzufügen und alles cremig rühren.
4 **Mehl** mit **Backpulver, Speisestärke** und **Salz** mischen, am besten noch sieben, zur Butter-Zucker-Mischung geben und alles verkneten. Zum Schluss die gehackte Schokolade einarbeiten.
5 Die Schüssel abdecken, in den Kühlschrank stellen und den Teig mindestens 30 Minuten ruhen lassen.
6 Den Backofen auf 180 °C Ober-/Unterhitze vorheizen.
7 Die Schüssel aus dem Kühlschrank nehmen, mit einem Eisportionierer vom Teig zwölf gleich große Kugeln abstechen (alternativ per Hand Kugeln formen), mit Abstand auf ein mit Backpapier ausgelegtes Backblech setzen und flach drücken. In den vorgeheizten Ofen (mittlere Schiene) geben und etwa 10 Minuten backen (die Cookies zerlaufen beim Backen).
8 Das Blech aus dem Ofen nehmen und die Cookies auskühlen lassen. Aufbewahrt in einer Dose, halten sie sich mehrere Tage.

TIPP Mit einer Kugel Eiscreme serviert, schmecken die warmen süßen Börek einfach unglaublich gut.

Karamellisierte Sigara Börek

Tatlı Sigara Böreği

Die herzhafte Variante kennt fast jeder, aber hast du schon mal süße Sigara Börek probiert? Das ist ein unglaublich leckerer Nachtisch, der superschnell zubereitet ist. Meine Viotto-Haselnusspaste hat 2023 den „PETA Food Award" für das beste Haselnussmus gewonnen – diese Qualitätsschönheit macht das Dessert noch himmlischer!

Zubereitungszeit
25 Minuten plus
5 Minuten Garzeit

Für 4 Personen
3 Äpfel
2 EL Zitronensaft
2 EL veganer Butterersatz
1 EL Kokosblütenzucker
½ TL gemahlener Zimt
3 EL Viotto-Haselnusspaste von Serayi (alternativ ein anderes Nussmus nach Wahl)
1 Pck. dreieckige Yufka-Teigblätter (360 g)
500 ml Pflanzenöl
2 EL gehackte Haselnusskerne

1. **Äpfel** schälen, in kleine Würfel schneiden, in eine Schüssel geben, mit **Zitronensaft** beträufeln und mischen.
2. Den **Butterersatz** in einer Pfanne zerlassen. Den **Kokosblütenzucker** dazugeben und kurz karamellisieren lassen. Die Äpfel einrühren und 5 Minuten dünsten, bis sie weich sind. Mit **Zimt** bestreuen und bei Bedarf etwas Wasser hinzugeben. Vom Herd nehmen und die karamellisierten Äpfel mit der **Haselnusspaste** mischen.
3. Die dreieckigen **Yufka-Teigblätter** mit der Spitze nach oben auf die Arbeitsfläche legen. Ein Teigblatt mit der Hand mit etwas Wasser anfeuchten. 1 EL Apfelmischung als Streifen auf die Außenkante des Teigdreiecks geben, dabei zu den Ecken hin etwa 3 cm frei lassen. Die Ecken links und rechts über die Mischung klappen und das Teigblatt zur Spitze hin aufrollen. Auf die gleiche Weise die restlichen Zutaten verarbeiten.
4. Das **Öl** in einer Pfanne erhitzen und die Teigröllchen darin portionsweise rundum goldbraun ausbacken.
5. Auf Küchenpapier abtropfen lassen. Dann noch warm auf einem Servierteller anrichten und mit den gehackten **Haselnüssen** garnieren.

Karamell-Milch-Kuchen

Trileçe

Dieser fluffige Dessertkuchen macht alle schwach! Er wird mit Vanilledrink übergossen und ist dadurch unglaublich weich und saftig. Und die Karamellschicht ist ein wahrer Gaumenschmeichler.

Zubereitungszeit
30 Minuten plus 35–40 Minuten Backzeit, ca. 10 Minuten Abkühlzeit, mind. 30 Minuten Einweichzeit und mind. 1–2 Stunden Kühlzeit

Ergibt 8 Stücke

TEIG
½ Vanilleschote
ca. 150 g Apfelmark (Apfelmus)
6 EL kohlensäurehaltiges Mineralwasser
200 g Weizenmehl Type 405 oder Dinkelmehl Type 630
1 Pck. Backpulver
120 g Zucker
veganer Butterersatz

KARAMELLSAUCE
150 g Zucker
35 g veganer Butterersatz
150 ml ungesüßte pflanzliche Sahne
1 Prise Salz

ZUM TRÄNKEN
500 ml gesüßter pflanzlicher Vanilledrink

SAHNECREME
200 ml aufschlagbare ungesüßte pflanzliche Sahne
1 Pck. Sahnesteif
1 Pck. Vanillezucker

AUSSERDEM
Backform oder Auflaufform (ca. 28 × 19 cm)
Spritzbeutel mit dünner Lochtülle (alternativ einen Gefrierbeutel verwenden)

1 Den Backofen auf 170 °C Ober-/Unterhitze vorheizen.

2 Für den Teig die **Vanilleschote** längs aufschneiden und das Mark in eine Schüssel kratzen. **Apfelmark** und **Mineralwasser** dazugeben und vermengen. **Mehl, Backpulver** und **Zucker** mischen, in die Schüssel zu den flüssigen Zutaten geben und mit einem Kochlöffel zu einem glatten Teig verrühren.

3 Die Backform mit etwas **Butterersatz** einfetten, den Teig einfüllen, glatt streichen und im vorgeheizten Ofen (mittlere Schiene) 35–40 Minuten goldbraun backen.

4 In der Zwischenzeit für die Karamellsauce den **Zucker** in einen Topf geben, bei mittlerer Hitze schmelzen und karamellisieren lassen, dabei nicht umrühren. Die geschmolzene Masse sollte nun klümpchenfrei und leicht braun sein. **Butterersatz, Sahne** und **Salz** vorsichtig einrühren, die Sauce zum Kochen bringen und 1–2 Minuten einkochen. Abkühlen lassen.

5 Form aus dem Ofen nehmen. Den Kuchen etwa 10 Minuten abkühlen lassen. Zum Tränken mit einem dünnen Holzspieß viele kleine Löcher in den Kuchen stechen, den **Vanilledrink** vorsichtig darübergießen und mindestens 30 Minuten einziehen lassen (je länger, desto besser).

6 **Sahne, Sahnesteif** und **Vanillezucker** in ein hohes Rührgefäß geben und mit den Quirlen des Handrührgeräts steif schlagen. Etwa 50 g davon für die Deko in den Spritzbeutel mit dünner Lochtülle geben und in den Kühlschrank stellen. (Alternativ in einen Gefrierbeutel geben und später mit der Schere eine Ecke klein abschneiden.)

7 Geschlagene Sahne auf dem Kuchen glatt streichen. Karamellsauce in dünnen Streifen darübergießen und vorsichtig verstreichen, damit sich die Schichten nicht vermischen.

8 Die Creme aus dem Spritzbeutel in langen, parallelen Streifen auf die Oberfläche spritzen. Einen Holzspieß mehrfach quer durch die Streifen ziehen, dabei jeweils die Richtung wechseln, sodass das typische Muster entsteht.

9 Kuchen mindestens 1–2 Stunden in den Kühlschrank stellen. Herausnehmen und in acht Stücke geschnitten servieren.

TIPP Der Kuchen lässt sich sehr gut 1 Tag im Voraus zubereiten und wird durch die lange Ruhezeit sogar noch saftiger.

Nachschlag

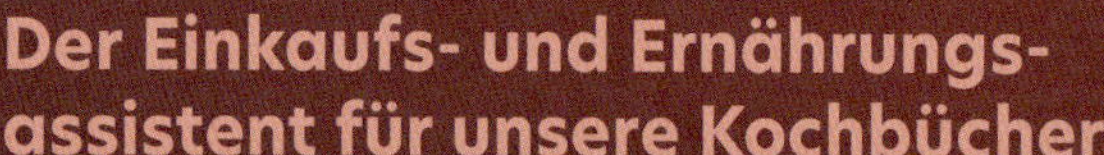

Der Einkaufs- und Ernährungs-assistent für unsere Kochbücher

Abschreiben oder Abfotografieren war gestern Rezepte aus unseren Kochbüchern kannst du kostenlos auf www.mengenrechner.de an die Personenzahl und individuelle Portionsgrößen anpassen und als E-Mail auf dein Smartphone schicken lassen oder gleich dort aufrufen. Zutaten können gestrichen, neue Zutaten ergänzt werden.

Rezept- und Zutatenfilter Suche zum Beispiel nach veganen, vegetarischen, glutenfreien, laktosefreien Rezepten oder nach Gerichten mit Zutaten, die du noch vorrätig hast. Speichere deine Lieblingsrezepte und Einkaufslisten.

Persönlicher Ernährungsassistent Sortiere Rezepte nach Kalorien, Kohlenhydraten, Fett- oder Eiweißgehalt. Berechne wissenschaftlich deinen täglichen Kalorienbedarf und -verbrauch. Lege Maximalwerte für Kalorien- oder Kohlenhydrataufnahme fest. Führe Tagesprotokolle mit Nährwertbilanz.

Zutaten- und Rezeptregister

Du suchst ein ganz bestimmtes Gericht oder nach einer Zubereitungsidee für vorrätige Zutaten? Das Register hilft dir schnell weiter: Alle Rezepte aus diesem Buch und die wichtigsten Komponenten sind hier alphabetisch gelistet.

Dank

Ich möchte allen danken, die an meinem Herzensprojekt beteiligt waren und mich tatkräftig unterstützt haben. Die Zusammenarbeit mit euch hat mein Herz aufblühen lassen – DANKE!

Das Thema „Orient Express“ liegt mir persönlich wirklich sehr am Herzen, denn wir kennen es alle, wenn es schnell gehen muss, aber trotzdem verdammt lecker sein soll. Deshalb die Motivation, dir zu zeigen, wie du in weniger als 30 Minuten Zubereitungszeit die besten Gerichte mit Leichtigkeit kreieren kannst. ♥

Danke an Hubertus Schüler und Stefan Mungenast. Ihr seid ein mega Team! Ihr habt es geschafft, meine Rezepte perfekt in Szene zu setzen. Die Food-Fotos sind pure Ästhetik und Geschmack in einem. Ein herzlicher Dank dafür.

Danke auch an Justyna Schwertner. Wir haben zum ersten Mal persönlich zusammengearbeitet und ich bin vom Ergebnis begeistert. Vielen Dank für die tollen Fotos aus dem People-Shooting.

Emilia, danke dass du mit deiner Leidenschaft für Make-up und Haare mich an dem für mich so besonderen Tag des Shootings leuchten lassen hast. Du hast jedes Mal magische Hände, wenn es darum geht, den perfekten Look zu zaubern!

Sylvie, danke, dass du mit deiner Leidenschaft zur Fotografie nicht nur dein Können auslebst, sondern mit deinem Sinn für Ästetik jedes Mal Bilder von mir machst, die ich unglaublich liebe.

Şebnem Yavuz, ich danke dir für die hervorragende Lektoratsarbeit.

Ein ganz besonderer Dank geht an das gesamte Team vom Becker Joest Volk Verlag. Danke für die kreative Zusammenarbeit vor allem an Caroline Mohr für das Layout und Claudia Braun für das Projektmanagement.

Zum Schluss möchte ich noch meinem Team, meiner Familie und allen Freunden, die auch dieses Mal meine Rezepte getestet haben, DANKE sagen. Danke für eure Unterstützung!

Verlagsdank

Liebe Serayi, herzlichen Dank, dass du uns auf die zauberhafte Reise in deine orientalische Welt mitgenommen hast. Deine Rezepte lassen die Düfte und Aromen des Orients lebendig werden. Es ist kaum zu glauben, dass diese köstlichen Gerichte alle rein vegan sind. Sie sind so raffiniert und komplex und trotzdem gehen sie leicht von der Hand.

Man spürt bei deinen Rezepten förmlich die Leidenschaft und Lebensfreude, die deine Küche für uns so einzigartig macht. Für Fans der abwechslungsreichen, exotisch angehauchten veganen Küche wird dieses Buch eine Offenbarung sein!

Einen herzlichen Dank an unser Foodfoto- und Styling-Team: Hubertus Schüler und Stefan Mungenast. Ihr habt die Rezepte großartig und authentisch in Szene gesetzt.

Sylvie Dikudie, deine Porträts spiegeln die pure Lebensfreude Serayis wider. Vielen Dank dafür.

Ein besonderer Dank geht an Şebnem Yavuz für das Rezeptlektorat und Doreen Köstler für das Schlusslektorat. Vielen Dank an Caroline Mohr für Layout, Gestaltung und Buchsatz. Außerdem danken wir unseren Mitarbeiterinnen und Mitarbeitern Justyna Schwertner, Claudia Braun, Katerina Stegemann, Annika Steinacker, Lena Vaßen und Markus Neis.

Impressum

Originalausgabe
Becker Joest Volk Verlag GmbH & Co. KG
Bahnhofsallee 5, 40721 Hilden, Deutschland

2. Auflage März 2025

ISBN 978-3-95453-325-1

Ausführliche Infos
Seite 170

Autorin Serayi Degerli
Food-Fotografie Hubertus Schüler
Foodstyling Stefan Mungenast
People-Fotografie Sylvie Dikudi
Styling Emilia Alkis
Projektleitung Claudia Braun
Leitung Grafik Justyna Schwertner
Buchgestaltung Caroline Mohr
Bildbearbeitung Markus Neis
Fachlektorat Rezepte Şebnem Yavuz
Lektorat Doreen Köstler
Druck Firmengruppe Appl, aprinta druck GmbH

BECKER
JOEST
VOLK
VERLAG
www.bjvv.de

Bildcredits Cover Hintergrund, Seite 10, Seite 11, Seite 13: iStock

Mehr von Serayi

Du hast Lust auf noch mehr Produkte und Rezepte von mir?
Dann schau mal hier rein!

MEIN SHOP

INSTAGRAM

TIKTOK